창의력을 씹어라

창의력을 씹어라

지은이 김광희
펴낸이 임상진
펴낸곳 (주)넥서스

초판 1쇄 발행 2011년 11월 30일
초판 6쇄 발행 2012년 8월 10일

2판 1쇄 발행 2018년 4월 20일
2판 2쇄 발행 2018년 4월 25일

출판신고 1992년 4월 3일 제311-2002-2호
10880 경기도 파주시 지목로 5 (신촌동)
Tel (02)330-5500 Fax (02)330-5555

ISBN 979-11-6165-336-5 03320

www.nexusbook.com
넥서스BIZ는 (주)넥서스의 경제경영 브랜드입니다.

삼시 세끼 밥처럼 먹어야 하는 창의력 이야기

창의력을 씹어라

HOW TO BREAK THE STEREOTYPE

김광희 지음

넥서스BIZ

프롤로그

당신, 창의력에 미쳐라!

부탁이다. 잘근잘근 창의력을 씹어라! 필자가 이렇게 주장하는 이유는 크게 세 가지다.

첫째, 창의력 계발은 피할 수 없는 숙명이다.

다음 기록이 의미하는 것은 무엇일까?

1,000 vs 0

게임당 평균 골의 수가 2.5개에 불과한 축구는 아닐 것이고, 혹시 농구? 동네 약체팀과 국내 프로 최강팀과의 경기 결과?

틀렸다. 앞의 숫자는 한반도가 받은 외세 침략 횟수이고 뒤의 숫자는 반대로 외국을 침략한 횟수다. 조상 대대로 지나칠 만큼 평화를 사랑하고 수호해온 영광스러운 기록이다. 이 기록을 보고 진정으로 영광스러워해야 할지 아니면 허탈해해야 할지의 판단은 당신 몫이다.

유사 이래 한반도는 지정학적 위치, 즉 대륙 세력과 해양 세력의 발판이 되는 곳이어서 늘 외세의 흥망에서 자유롭지 못했다. 현재도 미 ·

일 · 중 · 러 4대 강국 틈바구니에서 아등바등해야 하는 넛크래커 신세다. 여기에 더해 한반도는 아래위로 두 동강 난 채 70년 이상 서로 딴 세상에 살고 있다. 여기 한 장의 사진이 있다.

심야에 한반도를 촬영한 NASA의 위성사진이다. 남쪽은 불빛으로 호화찬란하지만 북쪽은 암흑천지가 따로 없다. 이 한 장의 사진이 남북한의 엄청난 경제력 차이를 잘 대변해주고 있다. 같은 언어를 사용하는 같은 민족이지만 이념과 체제에 따라 얼마든 달라질 수 있음을 보여 준다. 그래서 보는 이의 가슴을 더욱 아프게 만든다.

둘러보라. 북한의 운명에 대비해야 할 나라가 대한민국 말고 또 누가 있는지! 대비가 부족해 절호의 기회를 놓쳐버리는 뼈아픈 역사를 되풀이해서는 안 된다. 반도에 갇힌 편협한 사고로는 미래를 밝힐 수 없다. 조만간 맞이할 한반도의 급변 사태와 통일, 중국의 팽창과 변란을 생각한다면 대한민국에게 창의력은 생존을 가늠할 잣대요, 4차 산업혁명 시대의 절실한 요청이다. 질풍노도의 시기, 창의력 계발! 결코 머뭇거려서는 안 될 대한민국의 숙명이다.

둘째, 다가오는 대재앙과 맞서야 한다.

저출산이 일상화되면서 마침내 고령사회가 도래했다. 지난 2000년에 '고령화사회(Aging society)'가 된 대한민국은 2017년 노인층(65세 이상) 인구가 전체 인구의 14%를 넘는 '고령사회(Aged society)'가 되었다. 프랑스는 115년, 스웨덴은 75년, 일본은 26년이었는데 우리는 불과 17년밖에 걸리지 않았다.

미래학자인 레이 하몬드(Ray Hammond)는 자신의 저서 《2030년의 삶》에서 2030년이 되면 평균 수명은 130세가 된다고 예측했다. 만약 그의 예측대로라면 초고령사회는 준비되지 않은 국가에게 또 다른 재앙일 수 있다. 또한 2017년 기준 경제 활동의 중추 세력인 핵심 생산 가능 인구(25~49세)는 1,924만여 명으로 2010년보다 29만 명 이상이 줄어들었다. 관련 통계가 작성된 1999년 이래 가장 낮은 수준이다. 그 배경은 단연 저출산이다. 오죽하면 산부인과에서 분만실이 사라졌겠는가!

노인 인구의 증가와 핵심 생산 가능 인구 감소는 사회와 경제에 엄청난 충격을 동반한다. 생산성 하락과 소비 위축으로 경제가 활력을 잃고 잠재 성장률이 낮아지는 것은 물론 일하는 사람은 줄고 복지 및 의료 지출이 증가하면서 재정 수지 악화와 국가 경쟁력 하락을 부추기게 된다. 게다가 청년층(15~24세)의 인구 비중은 급감하고 있다. 지난 1990년을 정점으로 감소하기 시작해 2010년에는 13.6%였던 것이 2020년에는 11.3%, 2030년에는 9.1%, 2040년에는 8.8%, 2050년에는 8.7%까지 추락할 전망이다. 그 때문에 청년 1명이 감당해야 할 노인 수는 2010년에는 0.8명에 지나지 않던 것이 2025년에는 2명, 2035년에는 3명, 2050년에는 4명으로 늘어나게 된다. 즉 2050년에는 청년들의 능력이 현재보다 4배 이상 뛰어나야 함을 의미한다. 하지만 현재와 같은 교육 시스템으로 청년들의 능력을 4배 이상 끌어올리는 것은 역부족이다.

그러자면 사회 및 경제 시스템에 앞서 교육 시스템의 업그레이드가 선행되어야 한다. 또한 진정한 의미의 창의력 계발과 육성이 국가 차원의 교육에서 이뤄지고 다뤄져야 한다. 창의적 정예에게 대한민국 전체의 운명이 달린 것이다. 가진 것은 사람밖에 없는 나라인데 남은 시간이 많지 않다.

셋째, '잽싼 모방꾼(Early follower)'이란 낙인을 떨쳐버리자.

경쟁 룰은 선도자(Leader)가 만든다. 스마트폰 시장에서 애플이 그랬듯 어떤 영역에서든지 선도자를 중심으로 모든 것이 계획되고 추진된다. 그래서 선도자를 향한 유혹은 중독 이상으로 강렬하고 애틋하다.

선도자란 위치는 요지부동한 자리다. 마케팅 컨설턴트 알 리스(Al Ries)에 따르면 지난 1923년의 소비재 제품 카테고리 25종에서 선도적 지위에 있던 기업 명단과 현시점에서 선도적 지위에 있는 기업 명단을 대조한 결과, 선도적 지위에 있던 25종 브랜드 가운데 5종만이 선도적 지위를 상실한 것으로 나타났다. 이는 선도자의 위상은 세월이 흘러도 확고하다는 의미다.

그런 대세에도 불구하고 국내 휴대폰 업계가 스마트폰이 나온 지 불과 1년 반 만에 새 패러다임을 따라잡은 것은 기적에 가깝다. 초반에는 아이폰의 공세에 잠시 주춤하는 듯했으나 곧바로 추격전을 벌여 역전승을 거두었다. 이런 빠른 모방꾼은 세상 어디에도 없다. 애플 앞에서 추풍낙엽일 때 그나마 버티며 휩쓸려 가지 않은 곳은 삼성이 유일했다. 물론 생소한 환경에서 짊어져야 할 부담감이 애플보다 없거나 적었기 때문일 수도 있고, 스마트폰에서 국가별 점유율이 1위라는 든든한 국내 시장 덕분일 수도 있다.

궁극적으로 볼 때 아류는 본류를 대신할 수 없다.

애플과 구글 따라 하기는 이제 그만 종지부를 찍어라. 남의 뒤꽁무니만 따라다니며 흉내만 내면 '2등의 저주(The curse of the second-mover)'에서 영원히 헤어나지 못한다. 2등이 1등을 향해 도전을 멈추고 언제까지나 현재의 위치에 안주할 때 찾아드는 악마가 바로 2등의 저주다.

모방꾼에서 시장 변화를 주도하며 선도자로 치고 나가려면 시장을 꿰뚫는 킬러 본능과 함께 다음 세 가지 한계점을 극복해야 한다.

- 주어진 문제는 잘 풀지만 스스로 문제를 찾고 해결하지는 못한다.
- 선두를 쫓아갈 때는 대단히 뛰어나지만 앞에 아무도 없으면 두려워하고 길을 헤맨다.
- 치고 나갈 수 있는 곳만 찾고 스스로 치고 나가야 할 곳을 개척하지는 못한다.

위 세 가지 한계점을 극복하는 길은 있다. '따라잡기'에서 '앞서가기'

로 모든 게임의 판과 룰을 바꿔야 한다. 그러자면 창의력을 빼고는 논의가 불가능하다.

"21세기 인재에게 요구되는 첫 번째 조건은 창의력이다."

각종 자기계발서에 귀에 딱지가 앉을 만큼 등장하는 외침이다. 하지만 정작 안타까운 것은 그런 책 대부분이 어떻게 해야 창의력을 기를 수 있는지 명확한 방법론은 제대로 제시하지 못하고 있다는 것이다. 오로지 창의력을 마음껏 발휘해보라는 막연한 주문만 쇄도할 뿐이다.

실제로 학교를 비롯해 기업과 공공기관 등지에서 창의력을 입에 달고 살지만 구체적인 창의력 계발법이나 실천 노력은 보이지 않는다. 결국 책을 덮는 순간 '창의력은 어떻게 계발하지? 역시 실천이 문제야!' 하는 생각과 동시에 구렁이 담 넘어가듯 스르르 종결된다.

일찍이 프랭클린은 자서전에서 이렇게 언급했다.

"'선하라' 혹은 '성실하라'고 가르치는 것도 그것을 익혀 실천해나갈 방법을 구체적으로 가르치지 않으면 아무 의미가 없다. 그것은 배고픈 사람에게 말로만 '뭐든 먹고 배를 채워라'라고 말하는 것과 같다."

이 책의 목적은 당신에게 창의력이 왜 중요하고 어떻게 하면 창의력을 계발할 수 있는지를 알려주는 것에 있다. 창의력은 결코 우연히 얻어지는 것이 아니다. '어쩌다 재수 좋으면 걸리겠지' 하는 마음만으로는 부족하다. 그런 마음가짐으로는 평생 동안 창의력을 계발할 가능성이 적다.

나무를 벨 시간이 10시간 주어졌다고 해서 그 시간 내내 도끼질에만 전념했다가는 자신도 지치고 날도 무뎌져 나무를 제대로 베지 못할 것이 분명하다. 적어도 주어진 시간의 절반은 도끼날을 가는 데 사용하겠다는 마음가짐이 중요하다. 그런 마음으로 창의력을 갈고닦아야 한다.

필자의 전작 《창의력에 미쳐라》가 '입문편'이라면, 이 책은 후속작으로 '심화편'에 해당한다. 이 책을 통해 창의력이란 막연한 것이 아니라 손으로 머리로 가슴으로 느낄 수 있는 구체적인 사물임을 알게 될 것이다.

책 구성은 크게 세 개의 Part로 나누어져 있다.

먼저, Part1에서는 창의력 계발에 필수적인 다섯 가지 핵심 요소(지식, 동기부여, 다양성, 동심, 기법)에 대해 상세히 다루었다. 또한 다섯 가지 핵심 요소를 실천으로 옮기기 위한 방법론도 함께 제시했다. 각 요소는 마치 수염과 같아서 성장(실천)하기 전에는 나오지 않는 법이다.

Part2에서는 다섯 가지 핵심 요소 외에 창의력 계발에 많은 영감을 던져주는 광고와 지속성 그리고 여기에 더해 수평적 사고를 요하는 유쾌한 문제들을 제시했다. 독자들의 딱딱한 머릿속을 말랑말랑하게 만들어줄 것이다. 아울러 지구상에서 가장 창의적인 민족으로 꼽히는 유대인! 세상을 지배하고 호령하는 그들의 힘과 지혜 그리고 창의력의 실체를 벗겨보고자 했다.

마지막 Part3에서는 상상력과 고정관념에 얽힌 흥미로운 사례들을 소개하여 창의력의 진정성을 곱씹어보는 의미 있는 시간을 마련했다. 당신이 지닌 고정관념을 허물어 볼 생각이다.

모든 꼭지의 첫 장에는 통쾌하면서도 가슴에 큰 울림을 줄 사진(혹은 그림)을 실었다. 몇백 쪽의 글보다 단 한 장의 사진이 가슴속에 더 강하게 인식될 수 있어서다. 또 책 읽기가 슬슬 짜증이 날 즈음에는 'Coffee Break' 코너를 마련해 두뇌가 쉬어갈 수 있도록 배려했다.

이 책이 출간되기까지 많은 수고를 아끼지 않은 (주)넥서스의 임직원 여러분께 진심으로 고맙다는 인사를 드린다.

창의력 교육의 거장 에드워드 드 보노의 말로 프롤로그를 맺는다.

> "Develop your creative thinking skills. It's up to you!"
> 당신의 창의적 사고 기술을 계발하라. 그것은 모두 당신에게 달려 있다.

그렇다. 이제 공은 당신에게 넘어갔다.

김광희

차례

삼시 세끼 밥처럼 먹어야 하는
창의력 이야기

창의력을 씹어라

PART 1
모든 길은 창의력으로 통한다

PART2
창의력에 ○○을 허(許)하라!

PART3
창의력으로 가는 다양한 생각

PART 1

모든 길은 **창의력**으로 통한다

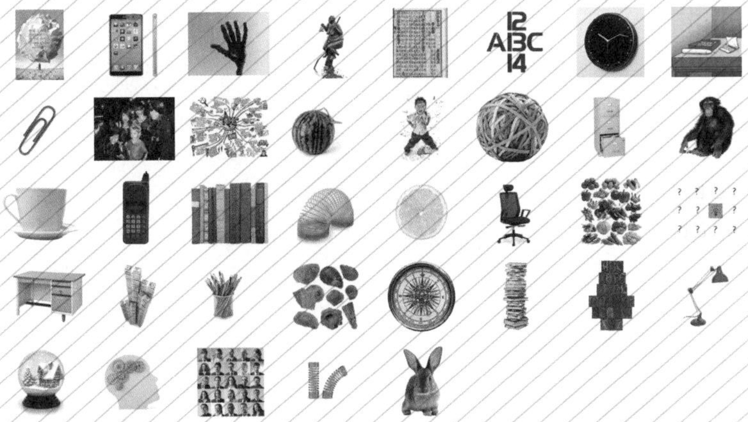

"창의력을 계발하는 것이 실제로 가능할까?"

이 문제에 대한 답을 무척이나 많은 사람이 궁금해한다.

이러한 의문에 부응하기 위해 PART1에서는

창의력 계발에 필수적인

다섯 가지 핵심 요소(지식, 동기부여, 다양성, 동심, 기법)를 상세하게 정리했다.

더불어 다섯 가지 핵심 요소를 습득하기 위한

방법론도 함께 제시했다.

창의력 계발을 위해 첫걸음을 떼는 당신에게

부디 값진 시간이 되길 빈다.

01
생각의 크기로 맞서라

LG 광고, 2004

"땅의 크기에서 밀린다면 생각의 크기로 맞서야 합니다.
자원도, 국토도 작은 나라, 세계로 앞서 가는 큰 나라가 되려면
남다른 생각의 힘이 필요합니다."

_LG 광고

당신이 지닌 창의력의 힘을 믿어라!

삶의 위대한 축복,
과연 그것은 무엇일까
?

창의적 선택과 긍정!
그것은 세상을 바꾸는 경이로운 힘을 지녔다.

Creativity
○○○이 축복이다!

●당신 삶의 축복은 무엇인가? 자신이란 '존재'가 축복인가 아니면 '삶' 그 자체가 축복인가? 그것도 아니라면 당신 삶에서 일궈낸 '결실'이 축복인가? 필자는 상투적이고 팍팍한 삶에 끊임없이 자극을 줘 흔들어 깨우는 존재가 축복이라 믿는다. 그 존재란 바로 '창의력'이다.

프랑스 사상가 사르트르는 말했다.

"삶은 B와 D 사이의 C다."

삶은 'Birth(출생)와 Death(죽음) 사이에서 Choice(선택) 하는 것'이라는 의미다. 우리 삶은 시작부터 끝까지 이 길인지 아니면 저 길인지 항상 선택의 기로에 서 있다. 오늘 아침에는 무엇을 먹을까? 회사에는 어떤 옷을 입고 갈까? 점심 식사는 어디에서, 누구와 할까? 퇴근길에 친구와 만나 간단하게 술이나 한잔할까? 술을 마신다면 귀가 시 대리운전을 이용할까 아니면 차를 두고 택시를 탈까?

우리는 하나부터 열까지 선택의 기로에 서서 고민하고 갈등한다. 간혹 결정을 머뭇거리다 외부로부터 예기치 못한 선택을 강요받기도 한다. 그렇다! 삶은 선택의 연속이다.

1년은 365일이고, 365일은 8,760시간이며, 8,760시간은 52만 5,600분 그리고 52만 5,600분은 3,153만 6,000초다. 1초 단위의 시간을 무수히 포개 놓은 것이 바로 1년이다. 그런 1초 단위의 고독한 선택을 제압한 사람이 1년의 승자가 되고, 1년 단위의 선택을 훌륭하게 장식한 사람이 삶의 승자로 역사에 기록된다.

이렇게 생각하면 "삶은 B와 D 사이의 C"라고 한 사르트르의 주장은 옳다. 다만 그 선택이 최고의 가치로 거듭나기 위해서는 또 다른 C인 Creativity(창의력)의 전제가 필수적이다.

오늘날은 어떤 선택을 했느냐보다 얼마나 창의적인 사고를 했느냐가 훨씬 더 중요한 시대다. 그런 까닭에 B와 D 사이에서 이루어져야 할 건 역시 '창의적인 선택(Creative Choice)'이다.

수년 전 한국을 방문한 투자의 귀재 워런 버핏은 "창의적으로 생각하고 선택한 뒤에 때를 기다리는 것, 이것이 바로 돈을 버는 방법이다" 하고 말했다. 그 말에 많은 사람이 고개를 끄덕였다. 창의적 선택을 하기 위해서는 안락한 두뇌를 늘 불편하게 만들어야 한다. 대가 없는 선택이란 존재하지 않는 법. 뇌의 심기를 건드려 끊임없이 긴장감을 유발시켜라. 그런 다음 두뇌에 긍정적 메시지를 지속적으로 보내라. 때로는 근거 없는 낙관이 근거 있는 비관보다 훨씬 낫다. 이러한 과정은 승자로 남을 탁월한 선택을 가능하게 만든다.

창의력에 영감을 더해줄 감동적인 시 한 편을 소개한다. 이 시는 〈인생의 축복〉 혹은 〈환자의 기도〉라는 제목으로 알려져 있다.

큰일을 이룩할 수 있도록 힘을 주십사 신에게 원했건만
겸손을 익히도록 연약함을 주셨다.

보다 위대한 일을 할 수 있도록 건강을 원했건만
보다 좋은 일을 할 수 있도록 병약함을 주셨다.

행복해지고자 부를 원했건만
현명해질 수 있도록 가난을 주셨다.

세상 사람들의 칭송을 받고자 성공을 원했건만
신의 도움을 필요로 하도록 약점을 주셨다.

즐거운 인생을 누리고자 만물을 원했건만
만사에 기뻐할 수 있도록 삶을 주셨다.

원했던 것은 어느 것 하나 얻을 수 없었지만 소망은 모두 들어주셨다.

이런 부족한 자신임에도 말로 표현할 수 없는
마음속 기도를 모두 들어주셨다.
나는 모든 사람들 가운데 가장 넘치는 축복을 받았다.

애틋한 원망에 대한 역설적인 축복은 하나같이 단단한 껍질의 고정관념을 쑥쑥 잘도 벗겨낸다. 고통 앞에서도 어떤 마음가짐을 가지느냐는 바로 자신의 태도에 달려 있다. 엄청난 무게의 바위가 찍어 누르는 듯한 고통도 어느새 가슴속에서는 온기로, 머릿속에서는 냉철함으로 바뀌어 뿜어져 나온다.

이 시는 남북전쟁에 참가한 한 남군 병사가 지은 무명 시라는 설도 있고 베트남 전쟁에서 심신에 깊은 상처를 받았으나 이를 극복한 참전 용사의 시라는 설도 있다. 또한 어느 환자(신부)가 남긴 시라는 설도 있다. 〈A creed for those who have suffered〉란 제목의 이 시는 현재 동판으로 제작되어 뉴욕대학 부속병원 재활센터의 벽에 걸려 있다.

Attitude
절체절명의 위기에서 벗어나다!

앞의 시가 널리 사랑받게 된 것은 1950년대 미국 민주당 후보로 대통령 선거에 출마한 아들라이 스티븐슨(Adlai Ewing Stevenson II)에 의해서다. 시를 접하고 큰 감동을 받은 스티븐슨이 이를 크리스마스 카드에 적어 지인들에게 소개하면서 차츰 세상에 알려지게 된다.

스티븐슨이라는 이름은 우리에게 익숙하지 않다. 그는 1952년 대통령 선거에선 트루먼에게, 1956년 선거에서는 아이젠하워에게 무릎을 꿇으며 두 번의 쓰디쓴 패배의 잔을 들이킨 인물이다.

실의에 빠져 우울한 나날을 보내던 그가 우연히 출석한 시골의 한 교회에서 이 시를 접하게 되었다. 순간 정체 모를 강한 전율이 전신을 타고 흘렀다. 그 덕분인지 스티븐슨은 실의를 툭툭 털어내고 재기에 성공했다. 마침내 케네디 정권에서 유엔 주재 미국 대사로 발탁된다. 그리고 제3차 세계대전으로 이어질지도 모르는 절체절명의 쿠바 미사일 위기 상황에서 자신의 진가를 발휘한다.

1962년에 열린 유엔 안전보장회의 긴급회의에서 스티븐슨은 소련 대표에게 쿠바에 미사일이 배치되어 있다는 구체적인 증거를 내밀었다. 그러면서 "Yes 아니면 No로만 대답하라"고 말하며 소련 대표를 매섭게 몰아갔다. 마침내 "Yes"라는 대답을 소련 대표로부터 이끌어낸 스티븐슨은 소련의 미사일 배치를 전 세계에 알리게 된다. 스티븐슨에게 그 일은 자신이 일구어낸 생애 최고의 성과였다.

"사람들 간에 큰 차이는 없다. 하지만 작은 차이는 큰 차이를 낳는다. 그 작은 차이는 바로 태도(Attitude)다. 긍정적인지 아니면 부정적인지의 태도가 큰 차이를 낳는다."

이는 성공학의 대가 로버트 콜리어(Robert Collier)가 태도의 중요성을 표현한 명구절이다. 삶이란 간절하게 바란다고 해서, 끊임없이 생각한다고 해서 이루어지는 것이 아니다. 하지만 그 결과를 받아들이는 긍정적인 삶의 태도는 평소 염원하고 꿈꿔왔던 것 이상으로 숭고하고 위대하다.

Think Critically

1

늘 자극과 동인이 되는 존재,
그런 창의력이야말로 우리 삶의 축복이다.

2

자원이 부족하고 국토도 작지만 세계를 선도할
큰 나라가 되기 위해선 남다른 생각의 힘이 필요하다.

3

남다른 선택과 긍정적 태도!
이는 당신이 지녀야 할 최상의 가치이자 창의력으로 가는 든든한 동반자다.

02
존재의 의미를
확인한다는 것

© Kim Kwang Hee

아닌 건 아닌 거다.

"아니오(No)"라고 해야 할 자리에서

"예(Yes)"라고 말하지 말라.

그 순간 비로소

당신의 존재 의미를 찾게 된다.

좋은 창의력, 나쁜 창의력, 요상한 창의력

!

세상에는 세 종류의 인간이 있다.
'창의력이 있다'고 생각하는 사람, '창의력이 없을 수도 있다'고 생각하는 사람,
'창의력이 있을 리가 없다'고 생각하는 사람!
중요한 건, 창의력에서 99%와 0%는 같다는 사실이다.

Vitamin
창의력은 비타민이다!

● 새콤한 비타민, 그것이 바로 창의력이다. 우리 몸속에 들어온 영양분을 에너지로 전환시키기 위해서는 비타민의 도움이 필수적이다. 마찬가지로 우리 두뇌에 축적된 지식과 경험을 아주 특별하고 가치 있는 사고로 탈바꿈시키기를 위해서는 창의력의 도움이 불가피하다.

"한국은 자원이 없다는 매우 중요한 강점을 가졌다. 천연자원이 없는 한국은 땅 밑이 아니라 두뇌를 채굴할 수 있다. 머릿속을 채굴해 에너지와 창의력과 기업가 정신을 뽑아내고 있지 않은가. 두뇌야말로 고갈되지 않는 유전이다."

이는《세계는 평평하다》의 저자 토머스 프리드먼의 말이다. 물론 땅 밑에 숨겨진 천연자원도 소중한 자원이지만 요즘은 땅 위의 천연자원이 훨씬 더 중요해지고 있다. 이는 인간의 두뇌에서 채굴이 가능한 창의력이라고 할 수 있다. 대한민국이 존재하는 한 땅 위의 천연자원은 결코 고갈되지 않을 것이다.

프랑스 시인이자 소설가인 빅토르 위고는 "군대의 침입에는 저항할 수 있지만 때가 무르익은 아이디어에는 무릎을 꿇을 수밖에 없다"고 말했다. 그는 인간이 가진 창의력은 첨단 장비를 가지고 있는 막강한 군대보다 훨씬 더 거대하고 강력한 힘을 지녔음을 역설했다.

'창의력'이란 참 요상한 단어다. 창의력이 리더의 언어가 되면 강한 생명력을 갖는다. 이는 조직의 가치와 지향점에서 구성원의 소망까지 충실히 담고 있기 때문이다. 오늘날 정부를 시작으로 정당에서도, 지자체에서도, 대학에서도, 기업에서도, 광고에서도, 뉴스에서도, 시험과 슬로건에서도 크리에이티브, 창의성, 창조력, 창조성, 수평적 사고(Lateral thinking) 등 창의력과 관련된 용어가 난무하고 있다. 하지만 급하다고 바늘허리에 실을 매어 쓸 수는 없는 법이다. 체계적 접근과 고뇌가 먼저다.

몸속의 영양분을 에너지로 전환시키기 위해서는
비타민의 도움이 필수적이듯
우리 두뇌에 축적된 지식과 경험을
특별한 사고로 탈바꿈시키기를 위해서는
창의력의 도움이 불가결하다.

당신이 돈을 버는 이유는 돈을 쓰기 위해서가 아닌가. 또한 국가가 수출을 독려하는 이유는 수입을 하기 위해서가 아닌가. 그렇다면 창의력 계발에 목을 매는 이유는 뭔가? 단순히 욕심이 아닌 생존이 달린 지상 과제여서다.

Performance
지고지순한 믿음에는 이유가 있다!

● 필자가 창의력의 필요성을 강조하는 건 두 가지 신념 때문이다.

첫째는 능력이 동일하거나 조금 뒤지더라도 창의력 표출 여하에 따라 얼마든지 개인 및 조직의 성과가 높아질 수 있다는 믿음이다. 그 식은 다음과 같이 표현된다.

성과 = 창의력 × 능력

한국을 포함한 선진 12개국 기업 임원 1,000명에게 GE(General Electric)는 이런 질문을 던졌다.

"기업을 혁신적으로 만드는 것 세 가지만 꼽아라."

임원들은 과연 어떻게 대답했을까?

그리고 IBM에서는 전 세계 60여 개국의 최고경영자(CEO) 1,500명에게 이렇게 물었다.

"성공적인 최고경영자가 되기 위해 꼭 필요한 요건은 무엇인가?"

CEO들은 과연 어떤 대답을 했을까? 앞의 두 질문은 다르지만 1위로 꼽힌 대답은 같았다.

전자의 물음에 대해서는 '기술적 전문성을 가진 인재', '혁신을 함께 실천할 파트너', '정부로부터의 재정 지원' 등 각양각색의 답이 쏟아졌지만 임원들이 가장 많이 거론한 것은 바로 '창의적 사고를 가진 인재'였다.

후자의 물음에 대한 답으로는 '진실성(Integrity)', '국제적 사고(Global thinking)' 등이 쏟아져 나왔다. 그러나 성공적인 CEO가 되기 위한 요건 1위는 단연 '창의력(Creativity)'이었다.

이런 걸 보면 국내든 국외든 창의력을 갖춘 인재가 기업에서 얼마나 중요한 역할을 하는지 잘 알 수 있다. 덧붙여 창의력은 기업에 한정된 얘기가 아니다.

〈매일경제〉가 교수와 연구원, 공무원 등 경제 전문가 150명을 대상으로 '대한민국 경제 발전 50년에 대한 전문가 의견 조사'를 실시하여 발표했다. 그 결과는 자못 흥미롭다.

정부 수립 후 경제 발전 과정에서 가장 큰 저해 요인을 묻는 질문(중복응답)에 '정쟁 중심의 정치권'(46.0%)이라는 답변을 필두로 '남북 대립'(40.0%), '대기업 중심의 경제 구조'(22.7%) 등이 꼽혔다. 그 가운데 눈에 띄는 것은 우리의 지정학적 상황이나 금융 및 경제 운용과 영역을 달리하는 '창의성이 부족한 교육 정책'이 무려 21.3%나 차지했다는 사실이다. 그만큼 창의력은 국가의 경제 발전을 좌우할 정도로 소중한 요인임을 다시금 인식시켜주었다.

둘째는 창의력이란 태어날 때부터 DNA에 기록된 것이 아니라 후천적 학습과 습관 등을 통해 얼마든 향상시킬 수 있다는 확고한 신념이다. 전문가들의 의견도 크게 다르지 않다.

- 많은 사람이 창의력은 몇몇 사람의 천부적인 재능이라 생각하고 질시의 눈길을 보낸다. 이것은 완전히 잘못된 부정적 태도다. 창의력은 배울 수 있고 계발할 수 있으며 적용 가능한 기술이다. 뇌는 본시 비(非)창의적 구조다. 만약 뇌가 창의적이었다면 생존은 불가능했을 것이다.

  _수평적 사고의 권위자 에드워드 드 보노(Edward de Bono)

- 창의력은 선천적인 능력이 아니라 누구나 노력하면 키울 수 있는 것이다.

  _창의적 문제 해결 방법론 트리즈(TRIZ)의 창시자 겐리흐 알트슐러(Genrich S. Altshuller)

■ 창의력은 행복하고 만족스러운 삶을 사는 데 필요한 존재 방식이다. 이런 창의력은 천재나 신동의 전유물이 아니라 모든 사람이 가지는 잠재력 중 하나다.

_긍정 심리학의 개척자 미하일 칙센트미하이(Mihaly Csikszentmihalyi)

■ 유전적으로 영재성을 타고났다 할지라도 자유롭고 창의적인 사고를 할 수 있는 환경이 갖추어져야 한다.

_미 국립 영재연구센터 소장 조지프 렌줄리(Joseph Renzulli)

■ 일부 사람들은 태생적으로 다른 사람들보다 창의적이기는 하지만 누구든 창의적인 능력을 가지고 있다. 더욱 많이 그리고 좋은 아이디어를 창출할 수 있는 스킬은 누구든 배울 수 있다. 또 배워야 한다.

_세계적인 경영 컨설팅 기업 데스티네이션 이노베이션의 창립자 폴 슬론 (Paul Sloane)

이들의 말처럼 창의력은 한정된 사람의 전유물이 아니다. 누구든 창의력을 계발할 수 있다. 창의력이란 천부적인 재능이라기보다 후천적인 노력의 결과다. 창의력 계발은 골프나 탁구를 치거나 요리 혹은 외국어를 배우는 것과 같은 기술(skill)이고, 기법(technique)일 뿐이다.

따라서 진정으로 창의력을 계발하기를 원한다면 지속적인 노력과 훈련 그리고 실천이 따라야 한다. 또한 적절한 환경적인 뒷받침이 되어야 한다. 참고로 창의력은 지적 자극이 다양하게 존재하는 환경 속에서 성장했거나 자수성가한 사람들에게서 많이 발견된다.

Flexibility
유연성이 최우선이다!

창의력은 신비감으로 둘러싸여 있지 않다. 창의력이란 뭔가 비범한 사람들에게 국한된 것이 아니라 오늘날을 사는 사람들의 모든 이슈 가운데에 있는 것이다. 하루하루 살아가면서 얻는 일상적인 아이디어와 그 실천의 소산이 바로 창의력이다.

그렇다면 그런 창의력을 어떻게 정의할 수 있을까?

난제를 해결하는 능력이 창의력인가? 그 누구도 미처 생각하지 못한 것을 구상하거나 만드는 능력이 창의력인가? 눈에 띄지 않는 것을 찾거나 발굴하는 능력이 창의력인가?

창의력 연구의 대가 길퍼드(Joy Paul Guilford)는 "창의력이란 주어진 사물이나 현상에 대해 새로운 시각에서 다양한 아이디어나 산출물을 표출할 수 있는 능력이다"라고 말했다. 그리고 창의력이란 "새롭고, 독창적이고, 유용한 것을 만들어 내는 능력 또는 전통적인 사고방식에서 벗어나 새로운 관계를 창

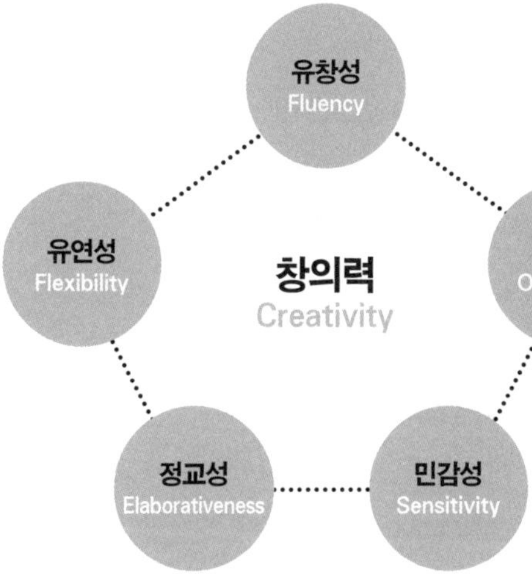

출하거나 비일상적인 아이디어를 산출하는 능력(한국교육심리학회편, 2000)"이라고 정의하기도 한다. 전문가들은 대체적으로 창의력을 유창성(가능한 한 많은 양의 아이디어를 도출)과 유연성(틀에 얽매이지 않고 다양한 관점에서 해결책을 모색)을 가지고, 독창성(특이하고 참신한 자신만의 아이디어를 도출)과 정교성(아이디어나 사물을 세밀하고 구체적으로 관찰하여 가치 있는 것으로 발전) 그리고 민감성(섬세하고 민감한 관찰력)을 이끌어낼 수 있는 능력이라 정의한다.

앞의 다섯 가지 개념 중에서 무엇보다 중요한 것은 틀에 얽매이지 않고 다양한 관점에서 해결책을 도모할 수 있는 '유연성'이 아닐까 싶다. 만약 이게 부족하다면 줄줄이 이어져야 할 무수한 창의적 발상과 우린 만나지 못할 것이다.

- "개인적으로 집에 컴퓨터를 가지고 있을 이유가 전혀 없다."

  _디지털 이퀴프먼트사 회장 케네스 올센(1977년)
- "비행기는 재미있는 장난감일 뿐 군사적인 가치는 전혀 없다."

  _제1차 세계대전 사령관 페르디낭 포슈 장군(1851년)
- "미래에 아무리 과학이 발전하더라도 인간은 달에 발을 들여놓을 수 없다."

  _라디오의 아버지 리드 포러스트 박사(1967년)
- "미래의 컴퓨터는 1.5톤은 나갈 것이다."

  _《파퓰러 메커닉스》(1949년)
- "TV는 처음 6개월이 지나면 시장에 남아 있지 않을 것이다. 사람들은 매일 합판으로 만든 상자를 보는 데 지겨움을 느낄 것이다."

  _20세기 폭스사 회장 대릴 재넉(1946년)
- "전화는 통신수단으로 생각하기에는 결점이 매우 많다. 이 기계는 탄생 순간부터 전혀 가치가 없는 물건이었다."

  _웨스턴 유니언 내부 문서(1876년)
- "640KB는 모든 사람에게 충분한 메모리 용량이다."

  _마이크로소프트 창업자 빌 게이츠(1981년)

이처럼 확신에 찬 주장을 펼친 인물들은 하나같이 해당 분야의 세계적인 전문가요, 권위자(잡지, 문서)들이었다. 하지만 그들의 확신은 '역사상 가장 어리석었던 7가지 주장'으로 꼽히는 참담한 수모를 겪어야 했다.

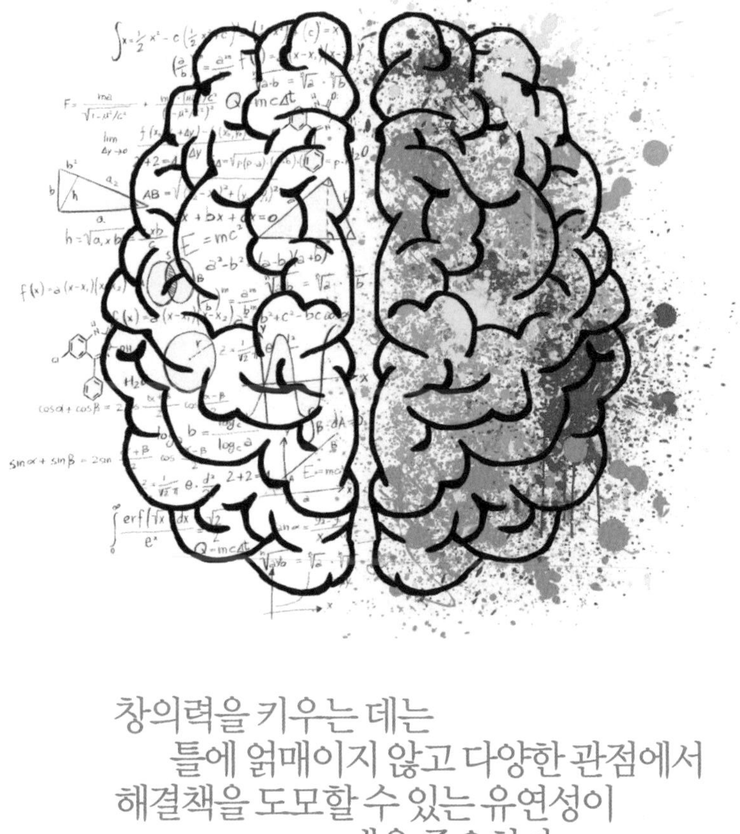

창의력을 키우는 데는
틀에 얽매이지 않고 다양한 관점에서
해결책을 도모할 수 있는 유연성이
매우 중요하다.

특히 눈이 가는 것은 컴퓨터 산업을 통째로 바꿔놓은 빌 게이츠의 주장이다. 메모리 용량이 640KB면 충분하다는 주장은 기이하다 못해 허탈할 지경이다. 현재 이 용량으로는 스마트폰으로 찍은 사진 한 장도 제대로 담아 내지 못한다.

천재 발명가 에디슨은 직류 신봉자였다. 어느 날 에디슨의 조수 테슬러가 교류를 발명했는데, 직류보다 송전할 때 손실이 적었다. 그러나 에디슨은 테슬러에 대한 강한 시기심 때문에 끝까지 직류를 고집했다. 자신의 명성과 재력을 이용하여 갖은 방법으로 교류의 나쁜 점을 꼬집고, 심지어 뉴욕 주의 교도소에서 사형 집행 방식으로 고압의 교류를 사용하는 전기의자를 채택하도록 로비까지 벌였다. 그렇다면 직류와 교류의 결말은 어떻게 되었을까? 오늘날 우리 가정에서 사용하는 전기는 교류 전기다.

이런 걸 보면 위대한 권위자일수록 고정관념과 상식, 원칙, 전통 방식을 고집하거나 새로운 아이디어에 대해 더욱 부정적이라는 것을 알 수 있다.

모든 사물이나 상황에 대해 처음부터 전제를 깔지 말고, 그 전제 자체를 부정하고 끊임없이 의심하라.

그러기 위해선 동서남북을 자유롭게 오가는 발상의 유연성이 더없이 소중하다. '아무리 나이를 먹어도 유연성이 부족하면 미성숙한 인간'이라는 유대 격언을 되새겨라.

결국 창의력이란 '유연성을 기반으로 새롭고 유용한 것을 도출해내는 능력'이라고 생각하면 된다. 그렇다고 너무 유용한 것에만 집착하지 말고 엉뚱한 상상도 즐겨보기 바란다. 실제로 우리가 사용하고 있는 사물 중에는 당치 않은 상상이나 예상치 못한 결과에서 도출된 것이 무수히 많다.

어쩌면 창의력의 개념 정의 따위는 불필요할지도 모른다. 창의력은 보이지 않던 것을 보이는 것으로 일궈가는 황야의 개척자 정신과 맞닿아 있기 때문이다.

Think Critically

1

창의력의 소유자란 늘 동서남북을 자유롭게 오가며 자신의 생각을 놓았다 잡았다 할 수 있는 사람을 가리킨다.

2

뇌는 본시 비(非)창의적 구조다. 만약 뇌가 창의적이었다면 인간은 생존이 불가능했다.

3

유연성을 기반으로 새롭고 유용한 것을 도출해내는 능력이 바로 창의력이다.

03
뚱보가 생존하는 까닭

© Jens Galschiot

덴마크 작가의 작품 〈뚱보 생존〉
과도하게 비만인 한 백인 여성이
바짝 마른 남성의 어깨 위에 올라타 있다.
여성의 오른손에는 정의를 상징하는 천칭이 들려 있다.

누가 보더라도
비대칭, 불균형이다.

성공에는 없어도
창의력에는 있는 것
!

대한민국이 아니라 세계를 가슴에 품은 인재가 되어야 한다.
이를 위해서는 창의력과 비판 의식은 물론 대의를 가슴에 새겨야 한다.
전 UN 사무총장 반기문

Confidence
인간을 지배하는 관성의 법칙!

망망대해를 항해 중인 유조선 한 척이 진행 방향을 90도 돌리려 한다. 이를 위해서는 일단 유조선의 엔진을 끄고 8km 이상을 나아가야 한다. 무게가 더 나가는 항공모함이라면 유조선보다 더 많은 시간과 거리 그리고 에너지가 필요하다.

마찬가지로 우리가 나아가던 방향을 바꾸기 위해서는 또 다른 강력한 힘이 필요하다. 하지만 진행 방향을 바꾸는 것은 생각만큼 쉽지 않다. 인간의 생각을 지배하는 관성의 법칙, 고정관념이 바로 그 원인이다. 경험이 쌓이면 쌓일수록 육중한 항공모함 이상으로 거대한 고정관념이 자리를 틀고 앉는다. 기존의 것을 버리고 새로운 생각으로 방향을 바꾸기란 결코 쉬운 일이 아니다.

2009년 말, 기후변화협약 총회가 열린 덴마크 코펜하겐에 기이한(?) 동상 하나가 세워져 있었다. 과다하게 비만인 백인 여성이 바짝 마른 아프리카 남성의 어깨 위에 올라타 있는 모습이었다. 남성의 모습은 누가 봐도 힘겨워 보인다. 동상 앞 표지에는 이런 글이 적혀 있었다.

I'm sitting on the back of a man.
He is sinking under the burden.
I would do anything to help him.
Except stepping down from his back.

나는 한 사내의 등 위에 올라타 있다.
그는 나 때문에 점점 아래로 가라앉고 있다.
나는 그를 위해 뭐든 할 생각이다.
단, 사내의 등 위에서 내려가는 것은 빼고.

이제 막 경제성장을 시작한 개도국에 대한 선진국의 끊임없는 탐욕과 이기심을 조롱하고 비판하는 내용이다. 이 글에 등장하는 '나(I)'는 바로 고정관념의 장본인이자 그 덩어리다. 사내 등에서 내려오면 모든 문제가 해결되건만 그 일만은 절대 하지 못하겠다고 버티니 정말 답답한 노릇이다.

그렇다고 포기하지 마라. 단단하게 굳어버린 고정관념을 깨부숴라. 그 어떤 생명도 뿌리내리지 못할 것 같은 황무지라도 창의력이라는 엘도라도로 바꾸는 노력을 게을리해선 안 된다.

3일이면 비행기 한 대를 뚝딱 만들어낸다는 보잉(Boing)사의 과거 사례다.

신출내기 신입 사원들이 들어오면 R&D 담당자는 이들을 별도 공간에 모아놓고 연구 개발 과제 하나를 던져주며 이렇게 말한다.

"별로 어려운 과제는 아니니, 한번 해결해보도록 하세요."

과제를 받은 신입사원들은 처음에는 당황하지만 '별로 어려운 과제'가 아니라는 담당자의 말을 위안 삼아 몇 날 며칠 과제 해결에 몰입한다. 그리고 일주일 정도 시간이 흐르면 많은 신입 사원이 부여된 과제의 솔루션을 찾는 데 성공한다.

사실 신입 사원들에게 건넨 과제는 그동안 보잉사에서 해결하지 못한 난제 중의 난제였다. 그렇다면 경험이나 지식이 부족한 신입 사원들이 어떻게 그런 지난한 문제를 간단히 해결한 것일까?

키워드는 하나다. 그들은 자신들에게 주어진 과제가 지금껏 아무도 해결하지 못한 난해한 과제라는 사실을 전혀 알지 못했다.

"땅벌은 몸이 무거운 것에 비해 날개가 약하다. 기체 역학적으로 볼 때 땅벌이 무거운 몸을 가지고 날 수 있다는 사실은 기적에 가깝다. 그러나 땅벌은 그 사실을 알지 못한 채 날아다닌다. 과연 무엇이 땅벌로 하여금 그 무거운 몸을 날게 할 수 있었을까?"

이는 세계적인 화장품 회사 메리 케이(Mary Kay)의 창업자 메리 케이 애이가 던진 질문이다. 당신은 이 질문에 어떤 대답을 할 것인가?

만약 땅벌이 자기 몸이 무거워 역학적으로 날 수 없다는 사실을 알았다면 어떻게 되었을까? 처음부터 주눅이 들어 날아야겠다는 생각은 던져버렸을 것이다. 하지만 땅벌은 오로지 나는 일에만 몰입하여 자기 몸의 육중한 무게를 잊고 있었다. 바로 이것이 땅벌이 날 수 있는 비결이었다.

보잉사의 신입 사원들도 마찬가지였다. 주어진 문제에 대해 처음부터 의심을 품거나 어렵다거나 불가능하다는 '선입관'을 가졌다면 문제 해결은 불가능했다. 그들은 얼마든 실마리를 찾을 수 있을 것이라는 믿음과 희망을 가지고 솔루션 찾기에 몰입했다. 그래서 결국 해낸 것이다. 문이 아무리 많아도 확신을 가지고 열지 않는다면 그것은 모두 철벽과 다를 바 없다.

Persistence
창의력 계발에는 비결이 있다!

●사람과 침팬지의 DNA는 98.4%가 같다. 또한 혈액이 붉은색을 띠게 만들고 산소를 운반하는 헤모글로빈이라는 단백질은 287개로, 사람과 침팬지가 같다. 1.6%의 미미한 차이가 한쪽을 동물원 우리 속의 구경거리로, 다른 한쪽을 구경꾼으로 만든 것이다.

무척이나 대단한 차이를 유발케 한 1.6%의 비밀은 대체 어디서 비롯된 것일까? 분명 그것은 인간만이 가진 특별한 사고, 창의력일 것이다. 그렇다면 도대체 창의력의 비결은 무엇일까? 아니, 그전에 이런 질문은 어떨까?

"성공 비결은 무엇일까?"

물론 성공 비결은 있다. 성공의 크기가 고만고만하다면 재능과 근면, 성실 등으로 설명이 가능하다. "성공(success)이 노력(work)보다 앞서는 경우는 영어 사전이 유일하다"는 말처럼 노력은 성공의 중요한 변수임이 틀림없다. 하지만 제프 베저스나, 빌 게이츠, 워런 버핏, 이병철, 정주영과 같은 세계 최고의 부와 명예를 구축한 이들의 이면에는 정형화된 비결 따위는 존재하지 않는다.

마케팅의 구루(Guru)라 불리는 세스 고딘도 비슷한 말을 했다.

"성공한 기업들을 따라 하는 것은 백미러를 보면서 운전하는 것과 같다."

사람과 침팬지의
1.6% 차이의 비밀은
대체 어디서
비롯된 것일까?

즉 성공한 기업들의 사례를 분석해보면 아무런 공통점을 발견할 수 없다는 주장이다. 결과적으로 성공 비결은 바로 '비결이 없다'는 점이 비결이다. 하지만 창의력 계발에는 비결이 있다. 무슨 말이냐고? 앞서 전문가들의 주장처럼 창의력은 노력을 통해서 얼마든지 계발할 수 있다. 더욱이 창의력에는 '계발 공식'까지 존재한다.

창의력은 삼시 세끼 밥 챙겨 먹는 듯한 자연스러운 일상이 되어야 하지만, 그 계발에는 남다른 인내와 노력이 필요하다. 마치 물에 떠 있는 오리와 같다. 물 위의 오리 모습은 유유자적하고 평화롭기 그지없다. 하지만 물 아래의 오리 발은 한시도 쉼 없이 발길질해야 한다. 창의력 계발 공식은 이러하다.

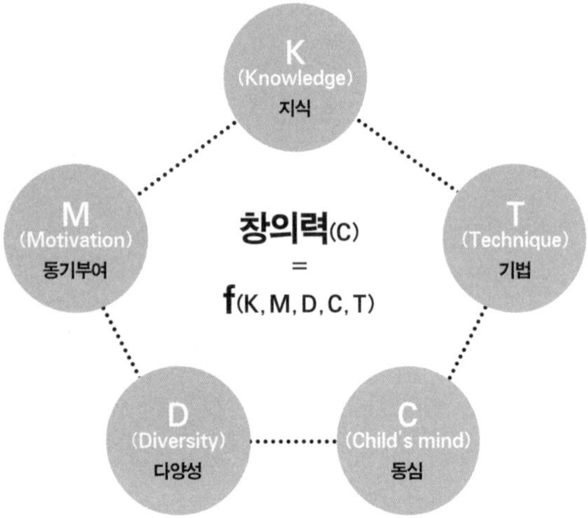

위의 다섯 가지 핵심 요소(지식, 동기부여, 다양성, 동심, 기법)가 본연의 기능을 다할 때 가장 멋스럽고 튼튼한 창의력이라는 집을 세울 수 있다. 한 가지라도 제 기능을 다하지 못하면 다른 요소들이 건실하다 하더라도 그 집의 기둥 한쪽이 무너질 수 있다. 창의적 아이디어를 떠올리기 위한 노력에는 이 다섯 가지 요소 외에도 몇 가지가 더 있다. 부가적으로 세 가지만 언급하겠다.

첫째, 의도적으로 무수한 '광고'를 접한다.

세상에 나와 있는 모든 광고는 창의력의 진수요, 산물이다. 그런 광고들은 솔루션을 찾아 헤매는 당신에게 탁월함으로 가는 영감을 안겨다 줄 것이다.

둘째, '지속성'의 중대함을 잊지 않는다.

창의력은 당신의 일상이다. 창의력에 대한 도전은 일생에 걸친 작업이다. 그 과정에서 갖은 신산(辛酸)을 맛볼 수도 있다. 하지만 분명한 것은 부단한 도전이야말로 창의력으로 가는 지름길이라는 사실이다. '호리유차(毫釐有差)는 천지현격(天地懸隔)'이라 했다. 즉 티끌만큼의 차이가 있으면 하늘과 땅만큼 차이가 벌어진다는 뜻이다. 그러한 차이는 지속성에 의해 나타난다.

셋째, 수평적 사고가 요구되는 문제(퀴즈)와 친해진다.

수평적 사고란 체계적이고 논리적 단계를 밟아 나가기보다는 주어진 문제나 사물을 다른 측면에서 접근하고 이를 통해 전혀 새로운 발상을 모색하는 사고법이다.

사기를 당해 거액의 빚을 진 상인과 그 딸에게 대부업자가 이러한 제안을 했다.

"주머니에서 흰색 돌을 꺼내면 빚을 탕감해주겠다. 하지만 검은색 돌을 꺼내면 빚은 탕감해주지만 딸은 내게 시집을 와야 한다."

이를 거부할 경우에는 빚을 갚지 않은 죄로 상인을 감옥에 보내겠다는 협박을 덧붙였다. 상인은 자신의 소중한 딸을 음흉하기로 소문난 대부업자에게 시집을 보내는 것이 죽기보다 싫었다. 게다가 대부업자가 주머니 속에 검은색 돌 두 개를 몰래 넣는 것을 보았기에 머릿속이 무척이나 복잡했다. 이런 절체절명의 위기 상황에서 만약 상인과 딸이 기존

관념에 얽매인 수직적 사고를 하게 된다면 어떻게 될까?

- 대부업자의 제안을 거부하고 상인은 감옥에 간다.
- 주머니 속에 검은색 돌만 넣어놓지 않았냐고 대부업자를 비난한다.
- 아버지를 위해 딸이 대부업자에게 시집을 간다.

이처럼 논리적이고 원칙적인 것만 따지는 수직적 사고는 '주머니 속에서 꺼낼 돌'에만 초점을 맞춘 나머지 문제 해결에 실패한다. 반면, 발상의 틀을 바꾼 수평적 사고를 한다면 어떻게 될까? '주머니 속에 남아 있는 돌'에 주목하게 된다. 딸은 주머니 속에서 돌을 하나 꺼내 실수를 한 것처럼 마당의 자갈들 가운데 떨어뜨린다.

"어머! 죄송해요. 너무 긴장한 탓에 그만 돌을 놓쳐버렸어요. 하지만 괜찮아요. 그 주머니 속에 든 돌을 보면 제가 꺼낸 돌의 색을 알 수 있을 테니까요."

상황이 이렇게 되면 대부업자는 꼼짝없이 주머니에서 검은색 돌을 꺼낼 수밖에 없다. 수평적 사고 문제는 감성적인 우뇌 자극과 호기심, 새로운 발상을 촉진하는 데 도움을 준다. 수평적 사고를 위해 머리를 싸매는 횟수와 고뇌만큼 창의력으로 향하는 길은 점점 더 평탄하다. 이상의 세 가지 요소, 즉 광고, 지속성, 수평적 사고를 요하는 문제는 Part2에서 자세히 다룰 예정이다.

생활이 궁핍한 사내가 있었다. 그는 하루도 빠짐없이 신에게 빌었다.

"제가 로또에 당첨될 수 있도록 도와주세요."

그렇게 사내는 날마다 두 손이 닳도록 빌고 또 빌었다. 어느 날 사내의 스마트폰으로 '띵동' 하고 문자 메시지가 날아들었다.

"얘야, 복권부터 좀 사거라."

사내의 청원을 듣다 못한 신이 보낸 거였다.

망치를 가지고 있다고 해서 모두 목수는 아니다. 교복을 입었다고 해서 모두 학생은 아니다. 메스를 들었다고 해서 모두 의사는 아니다. 마찬가지로 앞으로 언급할 다섯 가지 핵심 요소를 모두 이해했다고 해서 창의력을 계발할 수 있는 것은 아니다. 그것을 현실에서 얼마나 잘 활용하느냐가 승부의 관건이다. 실천하지 않는 사람에게 신은 절대로 먼저 손을 내밀지 않는다.

Think Critically

1

문이 아무리 많아도 확신을 가지고
열지 않는다면 그것은 모두 철벽과 다를 바 없다.

2

인간과 침팬지를 가르는 1.6%의 차이는 바로 창의력이다.

3

실천하지 않는 사람에게 신은 절대로 먼저 손을 내밀지 않는다.

04

세상에는 몇 권의 책이 있을까?

이 세상에 존재하는 책은 모두 몇 권이나 될까?

같은 책은 한 권으로 쳐서 구글(Google)이 도출한 수는

1억 2,986만 4,880권(2010년 8월 7일 기준)이다.

책이라는 원금 없이 창의력이라는 이자를 챙길 수는 없다.

지식, 배움에서 시작하여 앎으로 끝나다 !

오늘 배우지 아니하고 내일이 있다고 하지 마라(勿謂今日不學而有來日).
금년에 배우지 아니하고 내년이 있다고 하지 마라(勿謂今年不學而有來年).
주자(朱子)의 〈권학문(勸學文)〉 중에서

Knowledge
ㅇㅇ의 마지막 글자는?

다음 질문에 답해 보자.

"동아시아(인) 사상과 관습에 가장 큰 영향을 미친 책 한 권을 꼽아 보라."

고개를 갸우뚱거리는 당신을 위한 힌트!

힌트 하나!

백제의 대학자였던 왕인(王仁) 박사가 일본 왕실의 초빙을 받아 건너가면서《천자문》한 권과 이 책 열 권을 가지고 갔다.

힌트 둘!

이 책은 조선왕조 500년을 굳건히 유지하는 데 큰 몫을 한 통치 이념이자 철학이기도 했다.

그래도 유추하기 어려운가? 그렇다면 다음 힌트가 결정적인 단서가 될 것이다.

힌트 셋!

공자(孔子)의 삶과 사상을 엿볼 수 있는 책이다.

이 질문에 대한 답은 바로《논어》다.《논어》는 세상에서 가장 유명한 고전의 하나로, 내용이 결코 무겁거나 어렵지 않다. 그로 인해 시대를 초월하여 수많은 사람에게 사랑을 받아왔다. 지금처럼 미래에도 그 가르침은 계속될 것이다.《논어》는 삼국시대에 우리나라에 전해졌으며 오늘날 CEO, 정치인, 행정기관의 수장 등에게 단연 각광받는 불멸의 고전이다.

그런《논어》의 첫 문구가 무엇인지 알고 있는가? '자왈(子曰)'이 아니냐고? 농담은 잠시 접어두자. 결코 어려운 문제가 아니다. 학창 시절 내내 졸지 않았다면 분명 접해보았을 문구다.

"학이시습지 불역열호(學而時習之 不亦悅乎)"

이는 '배우고 때로 익히면 즐겁지 아니한가'라는 의미다. 그렇다.《논어》의 시작은 '배움(學)'이다. 이처럼《논어》는 '인간은 공부하는 존재'

임을 알리는 것으로 시작한다.

이번에는 조금 어려운 질문을 해보자. 《논어》의 마지막 문구는 무엇일까? 많은 사람이 《논어》가 어떻게 시작하는지 알아도 마지막 부분은 잘 알지 못한다. 《논어》를 마지막까지 인내하며 읽는 사람이 적은 탓이다.

마지막은 "부지언 무이지인야(不知言 無以知人也)"이다. 즉 말(言)을 알아듣지 못하면 상대방을 '알지(知)' 못한다는 의미다. 이렇듯 《논어》는 배움(學)으로 시작하여 앎(知)으로 끝난다. 한마디로 지식 습득은 '인간의 천명(天命)'임을 절절하게 일깨워준다. 점점 복잡하고 다양해지는 오늘날에도 그 가르침은 여전히 유효하다.

탄탄한 지식은 창의력과 떼려야 뗄 수 없는 관계에 있다. 맨땅에 헤딩을 해서 깨달음을 얻을 수 없듯이 양질의 넓고 깊은 지식을 흡수하지 않고 창의적인 아이디어를 기대하는 것은 우물에서 숭늉을 찾는 것과 다름없다.

그렇다면 왜 창의적인 발상을 하는 데 지식이 필요한 것일까? 답은 명쾌하다. 우리는 신(神)이 아니기 때문이다. 신은 무(無)에서 유(有)를, 즉 천지를 창조했다. 그러나 우리 인간은 신이 가진 능력을 가지고 있지 못하다. 무언가로부터 지식을 습득하고 그것을 기반으로 창의적 발상을 하는 것이 바로 인간이다.

지식은 마중물과 닮았다. 땅속 깊은 곳에서 창의력이라는 물을 길어 올리기 위해서는 우선 한 바가지의 마중물이 절대적으로 필요하다. 지식은 시간이 지날수록 반감기(半減期)에 접어든다. 지난해에 습득한 지식은 올해에는 그 효과가 절반으로 줄어들고, 내년에는 4분의 1, 내후년

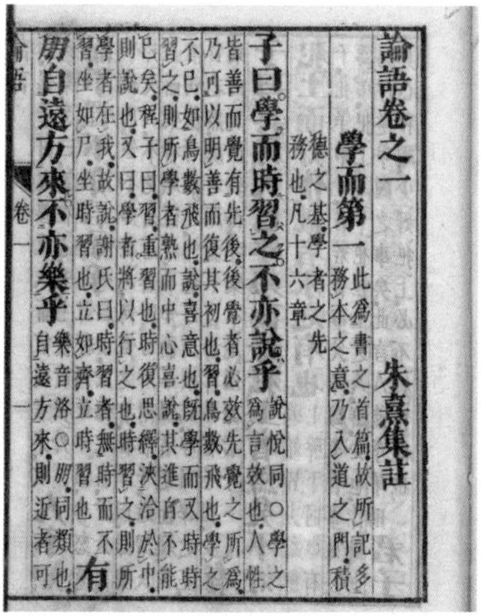
論語卷之一　朱熹集註

學而第一　此爲書之首篇故所記多務本之意乃入道之門積德之基學者之先務也凡十六章

子曰學而時習之不亦說乎　說悅同○學之爲言效也人性皆善而覺有先後後覺者必效先覺之所爲乃可以明善而復其初也習鳥數飛也學之不已如鳥數飛也說喜意也既學而又時時習之則所學者熟而中心喜說其進自不能已矣程子曰習重習也時復思繹浹洽於中則說也又曰學者將以行之也時習之則所學者在我故說謝氏曰時習者無時而不習坐如尸坐時習也立如齊立時習也

有朋自遠方來不亦樂乎　樂音洛○朋同類也自遠方來則近者可

論語　卷一　一

《논어》

에는 8분의 1로 줄어든다. 5년 정도의 시간이 흐르면 거의 쓸모가 없는 무용한 지식으로 변모되기도 한다. 그렇게 모든 지식은 진부화된다. 따라서 우리는 끊임없이 배우고 익혀야 한다.

많은 정보가 교차하며 착란을 일으키는 오늘날, 우리는 "지지위지지 부지위부지 시지야(知之爲知之 不知爲不知 是知也)", 즉 "아는 것을 안다고 하고 모르는 것을 모른다고 하는 것이 진정 아는 것이다"라고 한 공자의 가르침을 가슴 깊이 새겨야 한다.

마지막으로 묻겠다. 당신의 지식 흡수 수준은 어떤가? 좁은 빨대 수준인가, 아니면 넓은 스펀지 수준인가?

Consilience
개 눈에는 똥만 보인다!

●창의력은 오색 물감과 같다. 물감은 섞으면 섞을수록 다양한 색이 나타난다. 창의력 역시 각양각색의 지식과 어우러지면서 무궁무진한 발상이 탄생한다. 창의력엔 조합하는 능력이 중요하다. 탄탄한 배경 지식이 많으면 다각도로 풍부한 조합과 해석이 가능해진다. 통합·융합·통섭의 시대에 다양한 사람과의 교류 및 수많은 책과의 지적 교류는 더 많은 조합과 해석을 이끌어낼 수 있다. 다음 그림을 통해 설명해보자.

먼저, '가로'로 읽어보자.

"A, B, C."

그런 다음 '세로'로 읽어보자.

"12, 13, 14."

여기서 잠시 짚어 볼 것이 있다. 당신은 분명 정중앙에 있는 문자를 가로와 세로에 따라 알파벳 B 혹은 숫자 13으로 읽었을 것이다. 같은 문자임에도 불구하고 왜 그렇게 읽은 것일까? 그것은 바로 당신이 가지고 있는 지식 때문이다. 만약 당신이 알파벳을 모른다면 평생 숫자 '13'으로밖에 읽지 못할 것이다. 마찬가지로 알파벳 외에 다른 지식이 없다면 평생 'B'로만 읽을 것이다.

결국 우리는 자신이 축적한 지식만큼만 이해하고 해석할 수 있다. 지식이 많으면 많을수록 여러 가지 해석과 더불어 다양한 형태의 조합이 가능해진다. 바꿔 말하면 당신의 창의력은 지식과 정비례하며 성장할 수 있다.

"창의력이란 항상 새로운 것을 만들고, 옛것을 재배치(재조정)하는 것이다."

이는 CTA의 회장인 마이크 밴스의 말이다. 그 울림이 어느 때보다 크다.

약 40억 년 전 지구상에 최초로 탄생한 생명체 박테리아가 현재 인간으로 변모했다. 생명체에는 두 가지 메커니즘이 존재한다. 그것은 바로 '증식 메커니즘'과 '진화 메커니즘'이다. 가령 지구상의 생명체가 지금껏 증식만 했다면 하나의 종(種)이 생존을 거듭하면서 개체 수는 늘었겠지만 여전히 박테리아로 존재했을 것이다. 따라서 인간이나 동물은 존재하지 못했을 것이다. 그러나 증식 메커니즘과 더불어 진화 메커니즘이 수반되었기에 박테리아는 인간으로 탈바꿈할 수 있었다. 다만 증식을 위해서건, 진화를 위해서건 여기엔 조합이라는 열쇠가 반드시 필요하다. 조합을 통해 종은 증식하고, 또 조합을 통해 돌연변이가 일어나면서 진화를 거듭해왔다. 조합이 없으면 진화도, 창조도 없었을 것이다.

마찬가지로 사람들이 모여 서로의 지식을 교류하면 그 안에서 돌연변이와 같은 독특한 사고가 떠오르고 그것은 엄청난 창의적 사고로 이어진다. 그로 인해 우리 사회는 계속해 성장하는 것이다. 창의력은 지식으로 단단히 무장된 사람의 머리에서만 빛을 발한다. 그것은 갖은 지식이 부딪칠 때 비로소 창의력이라는 스파크를 일으키기 때문이다.

기발한 발상을 위해서는 넓고 깊은 형태의 지식 축적이 선행되어야 한다. 물론 채워지지 않은 백지 상태에서 아이디어가 나오는 경우도 있다. 그러나 그런 아이디어를 '보석'이라는 창의적 아이디어로 더욱 정교하게 다듬기 위해서는 지식 흡수가 필히 우선돼야 한다.

다만 지식은 때론 양날의 칼이 되기도 한다. 지식은 새롭고 특이한 아이디어를 받아들이는 능력이나 관점을 제한할 수 있다. 또한 지식이 경험처럼 안착돼 야기되는 경험적 편견(Experiential bias)도 무시할 수 없다. 넘치는 지식으로 인한 '발상의 몰개성'도 주의해야 한다.

Reading
독서, 창의력으로 가는 지름길!

이제 우리는 지식 축적은 창의력으로 가는 확실한 지름길임을 인식했다. 그렇다면 이를 실천하기 위한 가장 빠르고 확실한 방법은 무엇일까? 답이 궁금하다면 다음 문제를 풀어보자.

"1~2만 원 남짓한 금액을 투자하여
1~20년 동안 응축해온 관련 전문가의 소중한 지식을
1~2시간 안에 터득할 수 있는 유일한 비결은 무엇일까?"

뭐 그리 고민할 필요도 없다. 답은 바로 '독서'다. 이 얼마나 경제적이고 효율적인 방법인가. 책을 사서 읽는 것은 분명 남는 장사다. 아니, 아주 크게 남는 빅(big) 비즈니스다. 덕분에 세상에는 사람이 만든 책보다 책이 만든 사람이 훨씬 많다.

"당신의 취미는 무엇입니까?"

"네, 독서입니다."

이 얼마나 아름답고 훌륭한 대답인가? 하지만 천만의 말씀! 어쩌면 이는 무척이나 부끄럽고 허접하며 철 지난 대답일 수 있다. 당신은 밥 먹는 것을 취미라고 말할 수 있는가? 밥은 생존의 문제다. 마찬가지로 독서는 생존을 위해 우리 머리에 매일 밥이란 영양분을 주는 행위다. 그러한 밥은 훗날 보약이 된다. 책은 큰 힘을 가지고 있다. 그 힘은 슈퍼맨을 가볍게 능가한다. 책은 정보 습득을 시작으로 벅찬 감동과 지혜(진리), 카타르시스 등을 통해 우리를 현명한 길로 이끌며 때론 아픔까지 치유해준다.

미국의 시인이자 수필가인 랄프 에머슨만큼 독서의 중요성을 강조한 사람도 드물다. 그는 이런 얘기를 했다.

"독서를 통해 우리는 그리스인도, 로마인도, 터키인도, 왕도, 순교자도, 사형 집행인도 될 수 있다. 독서는 이런 사람들의 이미지를 우리의 은밀한 경험으로 가져다놓고 현실성을 갖게 한다. 독서를 하지 않는다면 아무것도 보지도, 배우지도, 지켜내지도 못할 것이다."

지금 당장 책을 펼쳐라. 그 안에는 세상의 진리와 지혜가 모두 녹아 있다. 다양한 종류의 책을 읽으면 과거의 훌륭한 사람들과 터놓고 대화를 나누는 즐거움을 누릴 수 있는 것은 물론 타임머신을 타고 과거로 환상적인 여행을 떠날 수 있다. 책은 심오한 이치와 진리를 담고 있어 시대를 초월해 응용할 수 있다.

세상에 나쁜 책이란 없다. 설령 그런 책이 있더라도 이를 반면교사(反面教師)로 삼을 수 있다면, 결국 나쁜 책은 없는 법이다. 간단한 질문 하나!

"세상에서 가장 무서운 사람은 누구인가?"

이에 대한 답은 분명 '책을 딱 한 권만 읽은 사람'이다. 그 책 속의 내용만이 진실이라고 굳게 믿는 사람 말이다.

"지식보다는 무지가 자신감을 더 자주 불러일으킨다"고 말한 진화론의 주창자 다윈의 지적은 앞의 얘기와 일맥상통한다. 그래서 대한민국에서 가장 심한 욕은 단연 이게 아닐까!

"무식한 놈!"

다양한 종류의 책을 읽으면 다양한 시각으로 세상을 바라볼 수 있다. 평소 자신이 접하지 못한 분야를 간접적으로 경험함으로써 두뇌를 자극해 발상을 더욱 촉진시킬 수 있다. 중국 송나라의 문필가이자 정치가였던 왕안석(王安石)의 〈권학문(勸學文)〉에 귀를 기울여보라.

독서에는 비용이 들지 않고(讀書不破費)
독서를 하면 만 배의 이익이 있다(讀書萬倍利).
책 속에는 사람의 재능이 나타나고(書顯官人才)
책 속에는 군자의 지혜가 들어 있다(書添君子智).
여유가 있거든 서재를 만들고(有卽起書樓)
여유가 없으면 책궤를 만들라(無卽致書櫃).
창 앞에서 옛글을 보고(窓前看古書)
등불 아래서 글 뜻을 되새겨라(燈下尋書義).
가난한 이는 책으로 부유해지고(貧者因書富)
부유한 이는 책으로 귀하게 된다(富者因書貴).
어리석은 이는 책을 통해 어질게 되고(愚者得書賢)
어진 이는 책을 통해 이로워진다(賢者因書利).
독서 때문에 영화를 누리는 것은 보았어도(只見讀書榮)
독서 때문에 추락한 것은 보지 못했다(不見讀書墜).

금을 팔아 책을 구입해서 읽어라(賣金買書讀).

독서로 금을 구입하기는 쉽다(讀書買金易).

좋은 책은 참으로 얻기 어렵다(好書眞難致).

독서하는 이에게 부디 권하노니(奉勸讀書人)

좋은 책을 만나거든 마음에 두고 기억하라(好書在心記).

'6.6, 6.1, 0.8'

위 숫자가 의미하는 것은 과연 무엇일까? 놀라지 마라. 지난 2008년에 UN에서 조사한 미국, 일본 그리고 한국 청소년의 연간 평균 독서량이다. 우리 청소년들의 독서량은 미국, 일본 등 선진국뿐 아니라 다른 국가 청소년들의 독서량에 비해 턱없이 부족한 것으로 드러났다. 현재는 더 줄어들었다. 게다가 독서를 하는 학생들 가운데 상당수는 스스로 원하거나 내적 성숙을 위해 책을 읽기보다 시험을 위한 '입시용 책'을 읽는 게 대부분이다. 독서는 어릴 적 습관이 무척이나 중요한데 큰일이 아닐 수 없다.

책을 읽지 않는 건 어른들도 마찬가지다. 문화체육관광부의 '2017 국민 독서실태 조사' 결과에 따르면, 연간 책을 한 권이라도 읽은 어른은 10명 중 5.9명밖에 안 돼, 지난 1994년부터 국민 독서실태 조사를 시작한 이래 가장 낮은 수치다. 더해 어른의 연평균 독서량은 8.3권으로 한 달에 책 한 권도 읽지 않았다. 모르긴 해도 청소년의 독서량이 이런 어른의 행태를 그대로 물려받은 거라면 절망이다.

정부와 지자체의 노력으로 전국의 도서관 수는 해마다 늘고 있지만 국민들의 연간 독서량은 되레 줄고 있다. 원인은 안다. 스마트폰이 주범이다. 오죽하면 '검색(檢索)만 있고 사색(思索)은 없다'라고 했겠는가.

"활자를 더 많이 읽어야 뇌가 발달한다. 인간의 아름다운 이해력을 지켜가려면 디지털 화면에서 멀어져 책의 세계에 빠져야 한다."

미국 터프츠대 교수이자 《책 읽는 뇌》의 저자인 매리언 울프의 설파다. 이어 그는 다독을 하면 독해력, 기억력, 추론 능력, 창의력 등이 복합적으로 발달한다며 많이 읽기를 주장한다.

우리 선조들은 "담장 너머로 들려오는 책 읽는 소리가 가장 좋다"고 했는데, 현실은 참으로 부끄럽다. 미래의 창의력 수준도 작금의 독서량과 정확히 비례할까봐 소름이 돋는다.

Learning
배움을 멈추는 날은 성장도 멈추는 날!

책을 통해 열심히 지식을 쌓기만 하면 창의력은 저절로 발현되는 것일까? 절대 그렇지 않다. 《논어》의 〈위정편(爲政篇)〉에 이런 말이 등장한다.

학이불사즉망 사이불학즉태
學而不思則罔 思而不學則殆

즉 배우고서 생각하지 않으면 터득되는 것이 없고(공허하고), 생각만 하고서 배우지 않으면(그 생각 자체가) 위태롭다는 의미다.

배움과 생각은 자전거의 앞바퀴, 뒷바퀴와 같다. 어느 한쪽이 부실하면 자전거는 제대로 달릴 수 없다. 그러므로 지식 축적과 생각이 선순환 사이클을 그리며 무한히 이어져야 한다. 여기에 약간의 현대적인 해석을 덧붙이면, 책에 쓰여 있는 것을 곧이곧대로 받아들이지 말라는 메시지가 담겨 있다. 책의 저자가 아무리 탁월한 인물이라고 해도 늘 '왜', '만약', '혹시'라는 질문(비판적 사고)을 거듭해야 한다. 이렇게 기른 '생각하는 힘'이 훗날 창의력을 계발하는 데 큰 도움을 줄 것이다.

그렇다면 독서 자세는 어떠해야 할까? 옛 성인들이 마음에 담고 실천에 옮기고자 한 일목십행(一目十行)의 다독과 위편삼절(韋編三絶)의 정독이 잘 어우러지도록 해야 한다. 이것이야말로 고금동서에 걸친 최상의 독서법이 아닐까 한다.

그러한 독서는 언제까지 계속해야 하는 것일까? '주는 것을 멈추는 날이 받는 일의 마지막 날이다. 배우기를 멈추는 날이 성장도 멈추는 날이다'라는 서양 속담이 있다. 상대에게 나누어주는 것을 그만두면 그 순간부터 받는 것도 끝이며, 배움을 그만두면 그 순간부터 한 인간의 성장도 막을 내린다는 경구(警句)다. 결국 인간은 생을 마감하는 날까지 책을 통해 배움을 게을리해서는 안 된다.

더불어 책을 읽는 자를 두려워해야 한다. 막대한 독서를 통해 축적한 지식의 힘은 물론 평소 독서를 꾸준히 해온 마음가짐을 항상 두려워해야 한다.

미국 대통령 해리 트루먼은 이런 말을 했다.

"모든 독자(Reader)가 지도자(Leader)가 되는 것은 아니다. 그러나 모든 지도자는 독자임이 틀림없다."

그의 말처럼 책은 위대한 지도자들에게는 안락한 피난처요, 창의력이 태어나는 영감의 원천이다. 성공한 사람들을 살펴보면 어린 시절부터 책을 가까이했다. 책을 통해 얻은 지식은 그들의 두뇌에 깊이 각인되어 그들을 탁월한 리더로 탈바꿈시켰다.

이제 정리해보자. 창의력이란 멍하니 있는 상태에서 얻어지는 것이 아니다. 그것은 결코 전광석화처럼 떠오르는 그 무언가가 아니다. 창의력은 뽕잎이라는 책을 꾸준히 섭취한 후에 명주실이란 지식을 토해내는 누에의 행위와 지극히 닮아 있다.

독서는 지식을 가장 저렴하고 확실하게 습득할 수 있는 방법임을 명심하라. 책을 읽지 않고 창의력을 계발하겠다는 사람은 가시나무를 심고 장미꽃을 기대하는 사람과 같다.

Think Critically

1

지식은 마중물과도 같다.
땅속 깊은 곳에서 창의력이라는
물을 긷기 위해서는 우선
한 바가지의 마중물이 필요하다.

2

책을 읽는다는 것은 당대 최고의 사람들과 허물없이
깊은 대화를 나누는 것이다.

3

명심하라. 성공을 거둔 모든 사람은 어린 시절부터 책을 가까이했다.

Planen Sie die Jahreszeiten Ihrer Karriere

Coffee Break

대통령과 베스트셀러 전략!

가을을 독서의 계절이라고 하는 이유는 무엇일까?
많은 사람이 가을이 되면 산으로, 들로 놀러 다니기 바빠 책을 멀리하자 출판계에서 그렇게 정한 것이라고 하는데….

과연 대통령의 서가에는 어떤 책들이 꽂혀 있을까?

한 나라의 대통령이 어떤 음식을 먹느냐, 어떤 옷을 입느냐 이상으로 어떤 책을 즐겨 읽느냐 하는 것은 굉장히 중요한 의미를 지닌다. 생각해보라. 당신이 서점이나 도서관에서 책을 고를 때의 심정을! 물론 눈에 띄는 책을 그냥 집어 드는 경우도 있을 것이다. 하지만 서점에 갈 때 적어도 어떤 분야의 책을 읽겠다는 것을 생각해두지 않는가? 서점에 가면 비즈니스, 문학, 에세이 등 다양한 분야의 책이 있다. 그중에서 비즈니스 분야에 관심이 있다면 분명 경영학, 창업, 부동산 등처럼 더욱 세부적으로 파고들 것이다.

가령 내년 정도에 강남에서 아파트를 구입할 계획이 있다면 부동산 관련 도서를 선택하여 집중해서 읽을 것이고, 가게를 오픈할 계획이 있다면 창업이나 상권, 입지에 관한 책을 선택하여 읽을 것이다.

그렇다면 대통령도 마찬가지가 아닐까. 어느 날 대통령이 무척 난해한 문제와 맞닥뜨렸다고 가정하자. 대개 그런 경우 유사한 선진국의 사례나 역사로부터 힌트를 찾고자 할 것이다. 따라서 역사서나 전략서, 나아가 고금동서에 걸쳐 칭송받는 군주들의 전기나 리더십, 처세, 사상 등의 내용이 담긴 책을 읽을 가능성이 높다. 이를테면 임기 초에 대통령이 관심을 갖는 전기는 링컨이나 처칠, 세종, 정조에 관한 것이고, 처세서로는 《논어》나 《한비자》, 《군주론》 등과 같은 부류의 책일 것이다.

이처럼 대통령이 고른 책은 최근 심중과 향후 통치관을 엿볼 수 있는 중요한 키워드가 될 수 있다. 대통령이든 국민이든 개개인의 독서 성향에는 당사자의 평소 생각(철학)과 관심이 묻어나게 마련이다.

대통령이 여름휴가나 각종 연휴 동안 어떤 책을 읽었다(읽을 예정)는 게 언론에 알려지면 해당 서적들은 곧장 전국 서점의 베스트셀러 목록에 오른다. 대통령에 대한 궁금증이 책 판매로 이어지는 거다. 이 때문에 책이라는 상품을 팔아 먹고사는 출판사 입장에서 보자면, 대통령을 능가할 만한 광고 수단은 별로 없는 게 사실이다.

실제로 노무현 전 대통령이 재임 당시 몇 권의 책을 추천하자, 그 책들의 판매는 폭발적으로 늘어났다. 출판사와 서점에 정부 부처는 물론, 다양한 단체로부터 그 책에 대한 문의 전화가 빗발쳤다. 문재인 대통령의 추천 도서도 예외는 아니었다. 이는 비단 우리나라에만 국한된 게 아니다. 미국 버락 오바마 전 대통령이 재임 당시 어떤 책을 읽느냐에 따라 미국 출판 시장 역시 출렁거리곤 했다.

몇 년째 창고에 쌓여가는 재고만 바라보며 가슴앓이하는 출판사 사장이 있었다. 그러던 어느 날, 머릿속에 무슨 좋은 생각이 떠올랐는지 사장은 자신만만한 표정을 짓는다. 그러고는 창고에 가서 책 한 권을 골라 대통령 관저로 보냈다. 얼마 후 사장은 대통령에게 책에 대한 소감을 묻는 편지를 보냈다. 물론 대답이 돌아올 가능성은 작았다. 하지만 사장은 굴하지 않고 몇 차례 더 대통령에게 소감을 요청했다. 계속되는 요청에 대통령이 미안했는지 비서관을 시켜 읽지도 않은 책의 한 줄 서평을 출판사로 보내왔다.

"색다른 발상이군요."

다음 날, 국내 모든 신문의 1면 하단에는 이런 책 광고가 실렸다.

"대통령이 갈채를 보낸 책!"

창고 한 모퉁이에 쌓여 있던 그 책은 순식간에 베스트셀러가 되었다. 이에 사장과 직원들은 하늘을 나는 것처럼 기뻤다. 그래서 사장은 또 다른 책을 골라 대통령 관저로 보냈다. 이번 역시 사장은 답변을 기대하지 않았다. 그런데 예상과 달리 관저로부터 곧바로 답변이 왔다.

"독자를 우롱하지 마세요."

대통령은 출판사가 자신의 직책을 이용하여 책을 판 것으로 인해 단단히 화가 난 모양이었다. 그래서 이런 답변을 한 것이다. 하지만 다음 날 신문 1면 하단에 또다시 대문짝만한 책 광고가 실렸다.

"대통령이 온몸으로 저항한 책"

그로 인해 대통령의 심리 상태를 알고자 한 정계와 재계, 공무원은 물론 일반 국민들까지 그 책을 구매하여 베스트셀러 역사를 새로 쓰게 되었다. 두 차례 성공을 거둔 사장은 이번에는 아예 작심을 하고 새로 출간한 책을 또다시 관저로 보냈다. 하지만 대통령을 비롯하여 관저 사람들은 이번에는 절대 말려들지 않겠다며 무시로 일관했다. 그렇게 몇 주가 흐른 월요일 아침, 신문 1면 하단에 큼지막한 책 광고가 하나 실렸다.

"대통령을 장고(長考)에 들게 한 책!"

그렇다면 이번에는 어떤 반응이 일어났을까? 예상대로 그 책도 베스트셀러 목록에 당당히 올랐다. 대통령을 깊은 장고에 빠트린 책이라면 누구든지 관심을 가지지 않겠는가. 다소 억지스러운 논리 전개일 수는 있지만 현실성 여부를 떠나 이런 출판사 사장이라면 대단한 창의적 인물이라 하겠다. 앞의 글은 인터넷에 떠다니는 얘기를 필자가 새롭게 각색했다.

어느 소설 작법 시간에 담당 교수가 베스트셀러의 조건에 대해 이렇게 말했다.
"종교와 귀족, 섹스 그리고 미스터리를 적절히 조합하라."
학생들은 기말 과제로 교수에게 배운 내용을 바탕으로 직접 소설을 써 제출해야 했다.
그런데 달랑 한 줄의 글만 써서 제출한 학생이 있었다. 그 학생의 글은 이러했다.

"Oh my God! The princess got pregnant. Who did it?"
오, 하느님! 공주님이 아기를 가졌답니다. 누구 소행일까요?

재미있지 않은가? 또한 베스트셀러는 우리 몸의 한 신체 부위에서 나온다고 한다. 그곳은 어디일까? 정답은 바로 엉덩이!
그냥 웃어 넘겨버릴 얘기는 아닌 듯하다. 적어도 글을 주업(主業)처럼 하는 필자에겐.

05

딱 3분만 극복하면 인생이 핀다

3분 빨리 나서면 지각을 면할 수 있다.
평소보다 3분만 빨리 자리를 박차고 일어나라.
그것을 도와줄 벽시계 'ON TIME'
분침 끝이 3분 앞서 시간을 가리킨다.
부장님 이마의 짙은 번데기는 이제 Bye, Bye~

© DIAMANTINI & DOMENICONI

동기부여, 미친 존재감이 되다!

상식적인 사람이란 합리적이거나 이성적인 사람이 아니라
그저 그가 속한 집단이 공인한 편견 덩어리일 뿐이다.
《막시무스의 지구에서 인간으로 유쾌하게 사는 법》 중에서

Motivation
대나무가 크는 것은 마디 때문이다!

CEO의 최대 관심사는 무엇일까? 바로 '어떻게 하면 조직 구성원의 잠재된 의욕을 최대로 이끌어낼 수 있을까?' 하는 것이 아닐까? 그것을 한마디로 표현하면 '동기부여'이다.

"왜 책을 읽는가?"

"왜 운동을 하는가?"

"왜 다이어트를 열심히 하는 것인가?"

물론 이런 행동을 하는 데는 그 나름의 이유가 있다. 인간 행동에는 그 행동을 부추기는 어떤 욕구(이유)가 존재한다. 그 욕구를 적극적으로 행할 수 있도록 하는 것이 바로 동기부여다. 그런 동기부여는 이렇게 정의할 수 있다.

'어떤 목표를 달성하기 위해 높은 수준의 노력을 자발적이고 적극적으로 할 수 있도록 부추기고 끊임없이 행동하도록 하는 심리적 과정의 총칭.'

즉 항공기의 제트 엔진처럼 전 세계 하늘을 거침없이 날도록 당사자에게 강력한 의지를 발휘하게 만드는 것이 바로 동기부여다.

대나무가 태풍에도 쓰러지지 않고 자랄 수 있는 것은 '마디' 때문이다. 그런 마디를 인간의 동기부여에 비유할 수 있다. 동기부여는 한 인간을 더욱 단련시켜 한 단계 더 넓고 크게 성장할 수 있도록 도와준다.

동기부여에 관한 한 연구 결과를 보면, 종업원은 보통 일을 할 때는 자기 능력의 약 20~30%만을 발휘하지만, 강력한 동기부여가 이루어졌을 때는 자기 능력의 80~90% 가까이 발휘한다고 한다.

"나는 어떤 기업이 성공하느냐 실패하느냐의 실제 차이는 그 기업에 소속되어 있는 사람들의 재능과 열정을 얼마나 잘 끌어내느냐 하는 능력에 의해 좌우된다고 믿는다."

전 IBM 회장 토머스 제이 왓슨의 말은 동기부여의 소중함을 잘 일깨워준다. 동기부여 이론에서 말하는 목표 속에는 개인의 목표와 조직의 목표가 함께 포함되어 있다. 가령 그 양자가 일치한다면 높은 동기부여는 높은 개인 성과(만족)로 이어질 뿐 아니라 높은 조직 성과(높은 업적)로도 이어진다. 그러나 개인의 목표와 조직의 목표 사이에 서로 괴리가 존재하거나 상충된다면 개인 관점에서 본 성과와 조직 관점에서 본 성과 또한 상관관계에 있지 않다. 이런 조직에 미래를 기대하기란 힘들다.

마인드 맵의 창시자 토니 부잔이 집필한《생각의 지도 위에서 길을 찾다》를 보면 이런 내용이 나온다.

올림픽 400m 경주 준결승전에서 한 주자가 결승전에 올랐다. 결승전에 앞서 인터뷰를 한 그는 자신의 기록에 도취되어 이렇게 말했다.
"놀라운 기록입니다. 정말 굉장하지요. 올림픽 결승전에 올라가기를 항상 원했거든요. 제 꿈이 이루어졌어요."
그러고는 행복한 표정을 지으며 걸어 나갔다.

이 선수의 결승전 성적은 어땠을까? '꼴찌'였다. 그는 자신이 그토록 바라던 목표를 달성했기에 결승전에는 참여하는 것만으로도 충분했다. 이는 좋은 성적을 내겠다는 동기부여가 몽땅 사라져버린 결과다.

동기부여는 창의력 계발에 더없이 소중한 요소 중 하나다. 가령 타고날 때부터 출중한 창의력의 소유자라 할지라도 그런 능력을 자발적으로 발산하게 만드는 건 어떤 계기로 동기부여가 이뤄질 때 가능하다. 그래야만 최고 수준의 창의력이 발휘될 수 있다. 다만 조직의 CEO로서 진정한 동기부여를 원한다면 다음 네 가지 사안을 꼼꼼하게 따져 보길 권한다.

첫째, 위기감을 조성해야 한다.

둘째, 경쟁의식을 가져야 한다.

셋째, 적절한 보상이 따라야 한다.

넷째, 명확한 목적 의식을 지녀야 한다.

이런 네 가지 사안이 조직에 침투돼 자리매김할 때 비로소 개인 및 조직에게 최고의 동기부여가 이뤄진다. 아울러 '실패에 더욱 관용적인 자세'도 동기부여를 하는 데 큰 몫을 할 수 있다.

Chance
위기감을 조성하라!

창의력은 스프링이다. 건드리지 않으면 움직이지 않지만 누르면 튀어 오르기 때문이다. 창의력을 끄집어내기 위해서는 머릿속을 쉼 없이 자극해야 한다. 그런 자극은 자발적인 것과 비(非)자발적인 것으로 나눌 수 있다.

먼저 자발적 자극은 글자 그대로 능동적으로 만들어내는 것을 말한다. 대표적으로 것으로 호기심을 꼽을 수 있다. 무언가에 강렬한 호기심을 가진 아이는 어떤 장애물이 있어도 혹은 누가 시키지 않아도 지속적으로 호기심을 해결하기 위해 노력한다.

다음은 비자발적 자극이다. 자의든 타의든 어떤 이유로 삶의 코너에 몰리게 되면 인간은 큰 자극을 받는다. 난파 직전에 몰려야 굼뜬 거구를 움직이려 들고, 벼랑 끝에 서야 비상을 꿈꾸는 게 인간의 본성이기 때문이다.

"벼랑 끝으로 오라."
"아니요. 그것은 너무 위험합니다."
"벼랑 끝으로 오라."
"안 돼요. 추락하고 말 거예요."
"벼랑 끝으로 오라."
결국 그들은 벼랑 끝으로 다가갔다.
그는 그들을 밀었다.
그러나 그들은 추락하지 않았다.
그때 비로소 하늘을 비상할 수 있었다.

이는 프랑스 시인인 기욤 아폴리네르의 〈벼랑 끝으로 오라(Come to the edge)〉라는 제목의 시다.

창의력은 건드리지 않으면
움직이지 않지만
누르면 튀어 오르는
스프링과 같다.

아널드 토인비의 말처럼 실제로 역사적 성공의 절반은 죽을지도 모른다는 위기의식 속에서 비롯됐고, 역사 속 실패의 절반은 찬란했던 시절에 대한 기억에서 시작됐다.

마지막일지도 모른다는 절체절명의 위기 상황에서는 각설탕 하나로 한강물을 달콤하게 만들 정도의 창의적이고 탁월한 아이디어가 폭포처럼 쏟아질 수 있다. 진정한 혁신과 창의력이 유난히 위기 상황에서만 자주 출몰하는 것은 그만한 이유가 있다.

세계적인 캐주얼 의류 브랜드 '폴로(Polo)'를 일군 20세기 미국의 대표 디자이너 랠프 로렌(Ralph Rauren)이 미국의 경제지 《포브스(Forbes)》와의 인터뷰에서 "창조적인 힘의 원동력은 무엇인가?"라는 물음에 짧게 답했다.

"두려움(fear)이다."

그러면서 이렇게 덧붙였다.

"두려움은 불가능해 보이는 어렵고 힘든 일을 가능하게 만든다. 육체적인 고통을 경험한 사람들이 건강 유지에 더욱 신경 쓰는 것과 마찬가지다."

구성원들에게 위기가 위기로 비치고 인지되는 것은 그 속에 잠재된 두려움이 원인이다. 조직의 변화는 그 구성원들의 동참 노력이 어느 정도냐에 따라 승패가 갈린다. 동참 노력이 부진할 경우 요구되는 게 바로

'위기감 조성'이다. 삶의 고비에서는 종종 무언가가 툭 하고 터진다. 두뇌의 강력한 자극제로 위기만 한 것이 없다. 위기는 지금까지 가던 길을 더 이상 계속 갈 수 없음을 절감케 하는 마지막 경종이다.

궁지에 몰리면 모래에 머리를 처박고 꼼짝달싹하지 않는 새가 있다. 날지 못하는 새, 타조가 주인공이다. 타조는 눈을 감고 머리를 숨기면 위기를 모면할 수 있다고 생각하는지도 모른다. 사람도 마찬가지다. 위험을 경고하는 주변 손짓이나 목소리에 눈과 귀를 막는다고 바뀌는 건 아무것도 없다. 항시 눈과 귀를 열어두라.

과거의 훌륭한 혁신은 모두 위기를 통해 거듭나 빛을 발했다. 큰 위기를 겪으며 조직의 효율성을 극대화하고 과감한 도전을 통해 독창적인 무언가를 만들어냈다. '위기'를 가리켜 '기회'라 칭하는 이유가 여기에 있는 것은 아닐까.

다만 도를 넘어선 위기감 조성은 오히려 일시적 고통에서 벗어나고자 처방되는 모르핀 주사처럼 될 수 있다. 더불어 위기감에 대한 구성원들의 사고 역시 일희일비하기보다는 장기적 관점에서 발상 전환을 꿈꾸고 위기를 다뤄야 한다.

Competition

경쟁의식을 심어 줘라!

●공자는 힘주어 말했다.

"흐르는 강물을 거슬러 올라가는 배는 나아가지 않으면 바로 후퇴한다(逆水行舟 不進則退)."

'시류를 거슬러 나아가는 사람은 한시라도 앞으로 나아가지 않으면 뒤로 물러서게 된다'는 의미다. 즉 끊임없는 도전과 노력을 게을리해서는 안 된다는 가르침이다.

개인이든 조직이든 최소한 제자리를 유지하기를 원한다면 달리는 걸 멈춰서는 안 된다. 완성차 공장의 컨베이어 라인 위에 올라탄 작업자처럼 끊임없이 그 움직임의 반대 방향으로 바삐 걸어야 제자리를 유지할 수 있다. 제자리에 머물기 위해서라도 쉼 없이 달려야 한다.

공자의 설파는 '붉은 여왕의 가설(Red Queen's Hypothesis)'과도 맥이 닿는다. 이 가설은 주변의 급격한 환경 변화에 대응해 최소한 현상 유지라도 하길 원한다면 적극적으로 진화해야 한다는 것이다. 즉 생물은 한시라도 진화를 이어가지 못하면 생존 경쟁에서 추락함을 빗대고 있다. 잡아먹히는 자(피포식자)가 재빨리 도망치는 능력을 획득했다면 잡아먹는 자(포식자)는 배를 굶주리지 않기 위해 더 빨리 달릴 수 있도록 진화해야 한다. 이런 급박한 환경 아래 현상 유지를 꿈꾸는 건 퇴보와 소멸을 의미한다.

오늘날 기업의 경쟁도 진화와 크게 다를 바 없다. A 기업이 혁신 속력을 올리면 B 기업과 C 기업도 뒤처지지 않기 위해 속력을 높인다. 또한 A 기업이 속력을 더 높이면 B, C 기업도 덩달아 속력을 높인다. 붉은 여왕식 경쟁은 시장의 모든 제품과 서비스를 한 단계 끌어올려 최종적으로 소비자 만족이라는 정(正)의 효과를 낳는다.

처음부터 모든 상황에 딱 떨어지는 필승의 경쟁 전략 따윈 존재하지 않는다. 모든 경쟁 우위는 일시적인 것이며 지속 가능한 경쟁 우위란 말은 허상일 뿐이다. 오늘날 시장은 붉은 여왕의 세계라고 해도 과언이 아니다.

현재 청년 실업률은 두 자리를 기록하고 있다. 10여 년 전만 해도 해외 어학연수를 통해 영어 하나만 잘하면 비교적 수월하게 취업을 할 수 있었다. 하지만 요즘은 대부분 학생이 어학연수를 다녀오는 상황이다. 더 이상 영어 실력을 자신만의 경쟁력이라고 말할 수 없는 시대다. 전형적인 붉은 여왕의 가설이 우리 젊은이들의 목을 죄고 있다. 한편 경쟁자보다 조금이라도 앞서가려는 경쟁의식은 동기부여에 매우 중요한 요소다. 경쟁의식은 창조적 파괴를 통해 혁신적 아이디어로 가는 지름길이다.

수긍하기 힘들다면 2015년까지 방송된 MBC의 가수 경연 프로그램 〈나는 가수다(나가수)〉를 한번 떠올려보라. 출연 가수들은 혼신을 다해 노래를 부르고 서로의 무대를 넋 놓고 바라본다. 매니저들은 연신 감탄

사를 쏟아내며 믿을 수 없는 무대라는 반응을 보인다. 관객들 역시 감동적인 무대라며 눈물을 흘린다. 방송을 본 네티즌들은 "오늘 정말 기절하는 줄 알았다", "어떻게 점점 멋져지냐!", "기대를 하면 항상 그 이상의 것들을 보여주는 듯하다" 등의 반응을 보인다.

그렇다면 왜 다른 음악 방송은 이와 같은 반응을 얻지 못하는 걸까? 그것은 〈나가수〉에서처럼 1등부터 7등까지 순위가 공개되고 누군가 탈락하게 된다는 위기감과 경쟁의식이 없기 때문이다. 한마디로 경쟁의식이 가져온 예술의 극치라 하겠다.

한류 열풍이 팝의 본고장 유럽에 상륙했다. 대반전이다. 문화와 예술산업에서 콧대 높기로 유명한 프랑스에서 시작되었다는 점에서는 더욱 경이롭다. 또한 얼마 전까지만 해도 일본의 문화 침략을 걱정했던 한국이 이젠 일본 내에서 반(反)한류 데모를 몰고 올 만큼 문화적으로 성장했다. 격세지감이 따로 없다.

아시아를 넘어 북미·유럽·중남미 등 전 세계로 뻗어 나가는 한류 붐은 한마디로 콘텐츠 파워에 근거한다. 그런 콘텐츠 파워를 창출하게 만든 것은 무엇보다 치열한 경쟁과 그런 의식이었다. 비단 경쟁의식은 어떤 분야의 프로들에게만 통하는 것이 아니다. 이른바 몽매한 인간도 "이걸 과연 내가 했단 말인가!" 하며 자신이 이루어낸 결과에 놀라워한다. 경쟁의식은 평상시와 전혀 다른 '몰입(Immersion)' 상태를 만들어내는 것이다.

"1등만 기억하는 더러운 세상"을 운운하거나 노력도 게을리하면서 결과의 평등만 요구하거나 경쟁 없는 유토피아를 설파할 작정이라면 지구를 떠나는 게 현명하다. 그런 경쟁의식에도 그림자는 있다. 경쟁에서 앞서려는 심리 때문에 전혀 새로운 시도나 도전보다는 기존의 것을 모방하려는 성향을 띠며 현실에 순응하게 만든다. 창의력의 핵심은 순응하지 않는 태도에 있는데도 말이다.

사람들의 개성적인 사고와 모험에 대한 시도나 도전이 없다면 창의력은 존재하지 못한다. 하지만 지나친 경쟁은 그런 과정을 억제한다. 또 개개인이 가진 다양성, 즉 개성과 색깔을 무시하거나 부정하며 획일적으로 경쟁하는 것은 곤란하다. 하지만 분명한 사실은 동기부여에 경쟁의식만큼 도움이 되고 중요한 요인도 많지 않다는 점이다. 실제로 경쟁자로 인한 동기부여가 없다면 많은 사람이 자만심에 빠질 가능성이 높다. 또한 지금의 혁신 또한 경쟁의 산물이라는 점에 대해서는 그 누구도 이견(異見)이 없다.

누군가 말했다. 경쟁은 태풍과 같다고. 태풍은 큰 피해를 몰고 온다. 그러나 지구에서 태풍이 사라진다면 열의 순환이 이루어지지 않아 적도는 지금보다 더더욱 뜨거워질 것이고 그 외의 지역은 온도가 내려가 생물이 살 수 없게 될 것이다.

피할 수 있다면 피하는 것이 좋다. 하지만 당신도 이미 잘 알고 있다. 경쟁은 피할 수 없는 우리 삶의 일부분임을. 사회와의 경쟁, 자연과의 경쟁, 경쟁자와의 경쟁, 영원히 끝나지 않는 것과의 경쟁을 기꺼이 맞이하라. 그로 인한 결실은 실로 장대하다.

동기부여를 위해 지금 당장 필요한 것은 안정이 아니라 치열한 경쟁을 유도할 수 있는 불안정일지도 모른다.

Incentive
채찍과 함께 당근도 필요하다!

●CEO들이 가장 쉽게 떠올리는 동기부여 수단은 무엇일까? 뭐니 뭐니 해도 '머니(Money)'다. 따지고 보면 자본주의 사회에서 돈만큼 강력한 힘을 발휘하는 것도 드물다. 넓고 화려한 집, 세련된 외제차, 최고가 골프 회원권, 초호화 요트, 세계 최고 브랜드 의류나 가방 등. 그래서 직원들은 돈을 위해 직장에 더욱 충실할 것을 다짐한다. 제아무리 걸출한 인물일지라도 높은 급여나 보조금, 성과금 등이 보장되지 않았다면 위대한 창의력의 산물은 빛을 보지 못했을 수도 있다.

여기서 간과해선 안 될 것은 돈이 동기부여의 끝이 아니라는 사실이다. 인간에게는 자신이 가진 기본적 욕구를 충족하기 위해 돈을 벌도록 동기부여가 이뤄진다. 허나 기본적 욕구를 채울 만큼 충분한 돈을 벌었다면 그 이상의 돈은 그다지 매력적인 것이 되지 못한다.

이유는 뻔하다. 경영자로서는 괘씸하다고 여길지 모르지만 종업원들은 임금 인상을, 기업에 제공하는 노동에 대한 정당한 '대가'이자 당연한 '권리'라고 생각한다. 또한 인상된 임금은 곧 표준이 되고 미래 임금 인상의 새로운 기준이 된다. 결국 동기부여의 수명은 매우 짧다. 따라서 칭찬과 격려, 일에 대한 흥미와 만족(보람), 주위 동료로부터의 신뢰, 조

뭐니 뭐니 해도 머니!
하지만 이게 모든 정답은 아니다.

직 내의 원활한 커뮤니케이션 등과 같은 비(非)금전적인 보상이 새롭게 요구된다.

세계적인 공연단 '태양의 서커스'의 CEO 대니얼 라마르는 항상 직원에게 "상자 밖으로 튀어나가 사고하라(Think outside the box)"고 강조한다. 그는 자신을 가리켜 '압박을 주는 리더'이며 '압박이 나의 일'이라고까지 표현했다. '창의력'을 늘 입에 달고 다니는 그에게 '압박'이라는 단어는 쉽게 연결이 되지 않는다. 창의력은 억압보다는 자유로움에서 나온다는 통념을 감안하면 말이다. 또한 그는 이런 말도 했다.

"나는 사람들에게 '도전하라'고 말하는 데 아주 많은 시간을 할애한다. 그들에게 스스로 창의력에 제한을 두지 말고 더 밀고 나가라고 말한다."

하지만 그는 무한한 도전을 재촉하며 끊임없이 구성원들을 '압박'만 하는 것이 아니다. 구성원들에게 막대한 연구 개발 비용을 지출하고 있다. 실제로 태양의 서커스는 매출액 8억 5,000만 달러(2010년)를 기록했으며 여기에서 발생된 이익 가운데 70%를 새로운 프로젝트에 재투자한다(〈매일경제〉, 2011. 5. 21). 한마디로 구성원들이 창조적인 도전을 끊임없이 이어가도록 보상 시스템을 만들어주는 것이다. 직원 입장에서 보면 이는 압박에 대한 달콤한 인센티브임이 틀림없다.

이처럼 창조적 도전과 기발한 아이디어에 대한 합당한 인센티브가

따를 경우 개인과 조직은 자극에 노출되면서 동기부여가 이뤄진다. 위기감 조성과 경쟁의식 고취라는 매서운 채찍만 휘둘러서는 안 된다. "우리 기업은 늘 종업원들을 압박하고 부려 먹을 생각만 하지 베풀 생각은 손톱만큼도 없어!"라는 자괴감이 맴도는 조직이라면 미래 성과는 불을 보듯 뻔하다. 또한 공정성과 관용도 잊지 말아야 한다.

작은 아이디어라도 좋다. 칭찬해주고 더 좋은 아이디어를 부탁해보라. 엄청난 변화가 일어날 것이다. 작은 생각의 씨앗이 시너지 효과를 발휘하면서 결국에는 아름드리 거목으로 자랄 게 분명하다.

Purpose

명확한 목적의식을 심어 주어라!

●아래 글자를 보라. '몸'이라는 글자가 빼곡하게 나열되어 있다.

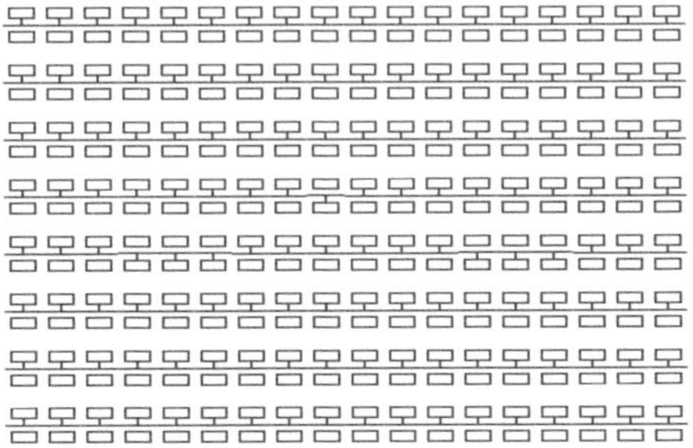

좀 더 자세히 들여다보기 바란다. 모두 '몸'이라고 적혀 있는가? 이렇게 질문을 던지면 그제야 빼곡한 글자를 하나씩 확인해볼 것이다. 그리고 '몸'이 아닌 '뭄'도 자리 잡고 있음을 비로소 알아차린다. 오른쪽 페이지의 글자들처럼 말이다.

처음에는 '몸'밖에 보이지 않았는데 왜 뒤늦게 '뭄'이 눈에 들어온 것일까? 바로 이 점이 중요하다. 인간이 어떤 사물을 바라볼 때 목적의식을 가지고 바라보느냐와 그렇지 않느냐는 문제 해결에 엄청난 차이를 안겨 준다. 평소 어떤 주제에 대해 깊은 관심을 가진다면 무심히 바라본 버스 창 너머에서도, 무심코 상하좌우로 넘기던 스마트폰의 깨알 같은

몸몸몸몸몸몸몸몸몸몸몸몸몸몸몸몸몸몸
몸몸몸몸몸몸몸몸몸몸몸몸몸몸몸몸몸몸
몸몸몸몸몸몸몸몸몸몸몸몸몸몸몸몸몸몸
몸몸몸몸몸몸몸몸뭄몸몸몸몸몸몸몸몸몸
몸몸몸뭄뭄뭄몸몸몸몸몸몸뭄뭄뭄몸몸몸
몸몸몸몸몸몸몸몸몸몸몸몸몸몸몸몸몸몸
몸몸몸몸몸몸몸몸몸몸몸몸몸몸몸몸몸몸
몸몸몸몸몸몸몸몸몸몸몸몸몸몸몸몸몸몸

글자 속에서도 관심사의 키워드를 금방 찾아낸다. 이처럼 명확한 목적 의식만 가진다면 얼마든지 해결의 실마리를 발견할 수 있다. 이게 바로 인간이 가진 위대한 잠재력이다.

다음 글자들을 보라. 무엇이 보이는가?

金金金金金金金金金金金金金金金金金金
金金金金金金金金金金金金金金金金金金
金金金金金金金金金金金金金金金金金金
金金金金金金金金金全金金金金金金金金
金金金金金金金金金金金金金金金金金金
金金金金金金金金金金金金金金金金金金
金金金金金金金金金金金金金金金金全金
金金金金金金金金金金金金金金金金金金

곧바로 대답이 튀어나올 것이다. 그렇다. 바로 '全'이다. 무수한 '金' 속에서도 단숨에 '全'을 찾아낼 수 있었다. 왜 그런 것일까? 당신의 안목이 갑자기 높아지기라도 한 걸까? 이는 색다른 글자를 찾아야 한다는 명확한 목적 의식이 사전에 당신에게 전달됐기 때문이다. 그러면서 '金'과 다른 글자를

金金金金金金金金金金金金金金金金金金
金金金金金金金金金金金金金金金金金金
金金金金金金金金金金金金金金金金金金
金金金金金金金金金全金金金金金金金金
金金金金金金金金金金金金金金金金金金
金金金金金金금金金金金金金金金金金金
金金金金金金金金金金金金金金金金全金
金金金金金金金金金金金金金金金金金金

찾아내려고 신경을 곤두세웠기에 쉽게 '全'을 발견할 수 있었다.

루이스 캐럴의 동화 《이상한 나라의 앨리스》에는 앨리스가 겪는 환상적인 모험이 나온다. 그 가운데 한 대목이다. 앨리스가 이상한 나라에서 빠져나가는 길을 찾던 중 갈림길에서 만난 꾀 많은 고양이 체셔에게 묻는다.

"여기서 어느 길로 가야 하지?"

이에 체셔가 되묻는다.

"어디로 가는데?"

"어디든 괜찮아."

앨리스의 대답에 체셔는 웃으며 말한다.

"어디로 가는지 모르면 어디도 갈 수 없어!"

이처럼 개인이든, 조직이든 목적의식을 가진다는 건 무척이나 중요한 일이다. '뇌'가 목적의식이 없는데 '내'가 어떻게 앞으로 나아갈 수 있겠는가! 조직의 경우를 보자.

상하동욕자승(上下同欲者勝)

이는《손자병법》〈모공편(謀攻篇)〉에 등장하는 구절로, 장수와 졸병, CEO와 말단 직원, 조직의 윗사람과 아랫사람이 같은 욕망을 가진다면 싸움에서 반드시 승리한다는 의미다. 조직 구성원들의 목표에 대한 공감 지수가 높고 강할수록 조직 목표는 보다 쉽게 달성할 수 있다. 쉽게 말해 하나의 깃발(목표) 아래 모두가 한 방향(목적의식)으로 나아가야 조직의 발전을 도모할 수 있다는 얘기다. 이처럼 명확한 목적의식(creating a vision)은 동기부여에 지대한 영향을 미친다.

Think Critically

1

오대양 육대주를 거침없이 나아가게 하는 강력한 힘, 그것이 바로 동기부여다.

2

창의력을 끄집어내기 위해서는 자신의 머릿속을 쉼 없이 자극해야 한다.

3

동기부여를 위해서는 몇 가지 실천 요소, 즉 위기감 조성, 경쟁의식, 적절한 보상, 명확한 목적의식을 지녀야 한다.

06

개별(個別)이 소중한 이유

과일(채소)이라는 이름으로 총칭되었지만

색깔, 크기, 모양이 모두 제각각이다.

각각의 존재에

이름이 필요한 이유는 여기에 있다.

다양성, 당신 삶의 존재 의미 !

사회적 통념을 무시하라.
만약 모든 사람이 똑같은 방법으로 일하고 있다면
정반대 방향으로 가야 틈새를 찾아낼 기회가 많다.
월마트 창업자 샘 월튼(Samuel Moore Walton)

Differentiation
75억 분의 1인 당신!

"세상은 참 불공평해!"

"남들은 잘나가는데, 왜 난 만날 이 모양이지?"

"'엄친아'는 대체 어떻게 하는 거야?"

우리는 누군가와 끊임없이 비교하고 또 비교당하며 살아간다. 때론 자기 비하도 서슴지 않으며 그러다 제 풀에 지쳐 자괴지심에 빠져들곤 한다. 만약 그러하다면 당신은 진정 빈곤하거나 진부한 사람이다. 정작 당신은 다른 사람들보다 훨씬 멋지고 훌륭한 것을 가지고 있을지도 모른다. 흔히 "부러우면 지는 거야" 하고 말하지 않던가! 당신에게 한 가지만 질문한다.

"당신이 타인과 다른 점은 무엇인가?"

이 질문에 딱히 내세울 게 없다고 생각할 수도 있다. 그런 당신에게 격정의 시대를 살아온 시인 김지하의 〈대설(大說) 남(南), 남(南)의 첫째 판 수산(水山)〉의 첫머리에 등장하는 글을 소개하려 한다.

사람 사람이 본시 모두 제가끔 저 생겨 먹고 싶은 대로 생겨 먹어 그 쌍통 생김새가 하나도 똑같은 놈 없고, 길짐승 날짐승 물짐승에 풀 나무 돌멩이 온갖 버러지 갖은 병균 나부랭이마저 다 저마다 내로라 하고 뻐겨 싸면서 혹은 길게 혹은 짧게 어떤 놈은 빨갛게 어떤 놈은 퍼렇게 제멋대로 이리저리 각각이 생겨 먹었건마는 똑 한 가지 같은 것이 있으니 다름 아닌 생명이라 하는 바로 그 물건이라.

단숨에 써 내려간 것 같은 투박한 글이지만 우리에게 던지는 교훈은 날카롭고 뜨겁다. 시인은 '생명'이란 것을 제외하고 어디 하나 똑같은 것은 지구상에 존재하지 않는다고 힘주어 말한다. 인간도 짐승도 풀도

나무도 돌멩이도 심지어는 병균 나부랭이도.

그렇다면 당신 삶의 철칙은 이래야 옳지 않을까?

'Distinct or Extinct.'
다르지 않으면 오로지 죽음뿐이다.

사람마다 지문이 다르듯 생각의 지문도, 행동의 지문도 달라야 정상이다. 다람쥐 쳇바퀴 경주에서 우승한들 무엇이 달라지겠는가! 여전히 다람쥐일 뿐인 것을.

다음 사진을 보라.

생김새부터 표정, 헤어스타일, 피부색, 복장 등 어느 하나 똑같은 것이 없다. 그렇다면 당신의 생각 또한 남달라야 한다.

그래도 흔쾌히 동의하기 어렵다면 딱 세 가지만 물어보자.

"지구 탄생 이래 지금껏 당신과 같은 사람은 몇 명쯤 존재했을까?"

"현재는 몇 명 정도 존재할까?"

"미래에는 몇 명쯤 존재할까?"

인류가 등장한 이래 이루 헤아릴 수 없을 만큼 많은 사람이 지구에서 생을 시작하고 마감했다. 하지만 지금껏 당신과 동일한 모습의 인간은 어느 시대에도 존재하지 않았다. 현재도 마찬가지다. 75억 지구촌 구성

원 가운데 당신과 동일한 모습이나 성격을 가진 존재는 한 명도 없다. 절대자 신(神)은 당신과 똑같은 사람을 빚어내지 않았다. 당신이 가진 DNA가 부동의 증거다. 단언하건대 미래에도 당신과 동일한 모습을 한 사람은 존재하지 않을 것이다.

당신은 과거와 현재, 미래에 걸쳐 지구상에 존재하는 유일한 사람이다. '지구'를 '우주'로 바꿔 물어도 마찬가지다. 이 세상에서 당신보다 존

귀한 사람은 없다. 천상천하유아독존(天上天下唯我獨尊)!

남과 다른 당신만의 생각을 가지는 건 지극히 정상이고 당연하다. 따라서 우린 살아가는 동안 여과 없이 개성을 드러내야 한다. 그런 개성은 바로 다양성이고, 다양성은 창의력의 모태다.

이런 영어 속담이 있다.

'It takes all sorts to make a world.'

이는 세상을 만들기 위해서는 온갖 다양한 것이 필요하다는 의미다. 생각이든 모습이든 같은 것 한 가지만 존재했다면 세상은 창조되지 못했다.

Conformity
망(亡)하려면 따라 하라!

창의력은 반대말은 뭘까? '비(非)창의력'일까? 아니다. 창의력의 반대말은 바로 '동조(同調, conformity)'다. 동조란 압력이 수반되는 사회적 규범이나 대다수 혹은 권위적 의견 등에 개인 의견 혹은 행동을 동화시키는 경향을 가리킨다.

인기 드라마의 주인공이 책을 읽는 장면이 방송을 타면 그 책은 이튿날 베스트셀러 목록에 오른다. 또한 주변 친구들이 최신형 스마트폰을 들고 다니면, 약정 기간이 한참 남아 있거나 통화와 문자 메시지, 카톡(밴드), 게임 외에는 별 사용처가 없음에도 기존 스마트폰을 해지하고 최신형으로 갈아탄다.

'남이 장에 간다니 똥장군을 지고 따라나선다.'

남이 한다고 해서 아무 생각 없이 무조건 따라 한다는 뜻을 가진 우리 속담이다. 선조들 눈에도 남의 것을 베끼고 쫓아가고 맹신 혹은 맹종을 서슴지 않는 모습은 꽤나 거슬렸던 모양이다. 이런 동조 현상에는 다 이유가 있다.

첫째, 정보의 영향

심리학자인 무자퍼 셰리프(Muzafer Sherif)의 실험에 따르면, 사람은 애매한 상황에서 결정을 내려야 할 경우 다른 사람의 결정(결론)을 참고하는 경향이 많다고 한다. 이런 행위는 심리적으로 안정감을 주기 때문이다. 실제로 낯선 길보다 친근한 길을 이용하는 편이 심적으로 훨씬 편안하지 않던가.

둘째, 규범적 영향

일반인들의 경우, 어떤 집단의 의견이 자신의 의견과 맞지 않더라도 이를 추종하는 경향이 있다. 빨간 신호등도 무리를 지어 우르르 건너면 무섭지 않다고 한다. 이는 미국 사회학자 솔로몬 애쉬(Solomon Asch)가 '동조'를 주제로 한 실험을 통해서도 증명되었다.

다음 그림을 보자.

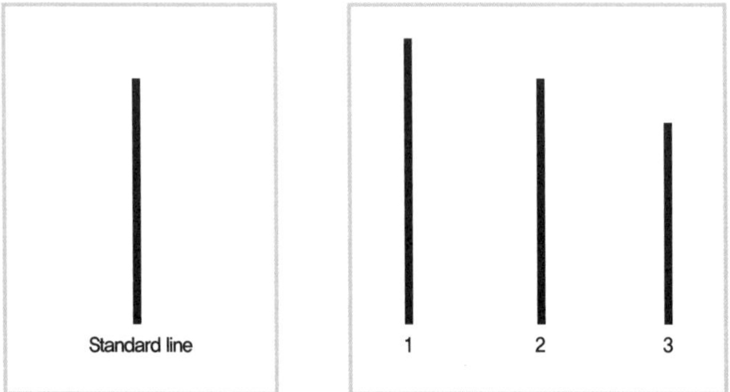

오른쪽 세 개의 선분 1, 2, 3 중에서 왼쪽의 'Standard line(기준 선분)'과 길이가 같은 것은 어느 것일까? 무척이나 쉬운 질문이다. 하지만 실험 결과는 우리 마음을 불편하게 만든다.

실험실에 6명의 사람을 모아놓은 후 선분이 그려진 종이 한 장을 보여준 다음 서로 다른 길이의 선분 세 개가 그려진 종이 한 장을 이어서 보여주었다.

세 개의 선분 가운데 기준 선분과 길이가 같은 건 하나뿐이고 다른 건 길이가 더 짧거나 길다. 피험자들에게 기준 선분을 보고 비교 선분들 중에서 길이가 같은 것을 차례대로 말하게 했다.

사실 6명 가운데 5명은 사전 실험 취지를 전해 들은 협력자였고, 나머지 1명만이 진정한 피험자였다. 실제 정답은 2번이지만 협력자인 5명은 기준 선분과 같은 것은 3번이라고 자신 있게 대답했다. 그러자 마지막에 답변을 한 피험자 1명도 3번이 기준 선분과 같다고 답했다. 피험자는 자신의 생각과 다르게 다수 의견에 동조한 것이다.

동조는 발상의 근친교배다. 한반도에 들어온 무례한 포식자 황소개구리는 10여 년 만에 모습을 감추었다. 결정적 원인은 새로운 천적의 등장 때문이 아니라 근친교배였다.

우리는 자신이 옳다고 판단한 것임에도 불구하고 주변 다수의 사람이 주장하는 의견이나 권위를 가진 사람의 의견에 쉽게 허물어지고 만다. 모난 돌이 정 맞기 때문일까?

한국인들이 가진 특성 가운데 하나가 바로 쏠림 현상이다. 지난

2002년 월드컵 당시의 붉은 악마를 떠올리면 이해가 쉽다. 쏠림 현상은 얼마든 동조 가능성을 내포하고 있어 속칭 우리의 냄비 문화와 함께 가장 우려되는 부분이다. 부인하고 싶지만 아픈 진실이다.

동조를 해서 잃는 이익보다 동조하지 않아 잃는 이익이 훨씬 적다. 당신의 길을 간다는 것을 두려워 마라. 간혹 길을 잃을 수도 있다. 길을 잃는다는 것은 머지않아 새로운 길을 찾게 된다(개척)는 걸 의미한다.

부탁이다. 타인의 그릇된 생각 때문에 당신의 소중한 생각을 굽히지 마라. 왜 남에게 하나밖에 없는 당신의 인생을 저당 잡히려고 하는가!

Boundless

기능적 고착에서 벗어나라!

●지식은 창의적 발상에 절대적이라고 할 만큼 큰 힘이 된다. 특히 양질의 아이디어를 원한다면 지식 축적은 더없이 소중하다. 하지만 그런 지식도 때로는 경계 대상이다. 지식은 한 인간을 특정 틀 안에 가둬놓을 위험이 있어서다. 대표적으로 두뇌의 '기능적 고착(Functional fixedness)'이 그것이다.

1945년, 심리학자 칼 던커(Karl Duncker)는 촛불 문제(Candle problem)를 고안했다. 그는 학생들에게 다음 그림처럼 양초와 성냥, 압정이 담긴 상자를 주고 촛농이 테이블 위에 떨어지지 않도록 촛불을 벽에 붙여보라는 문제를 던졌다.

많은 학생이 이 문제를 단시간에 풀지 못했다. 결국에는 아래의 그림처럼 문제를 풀었지만 적지 않은 시간이 소요되었다. 짧은 시간 안에 문제를 풀지 못한 것은 압정이 담긴 상자는 그냥 압정을 보관하기 위한 상자로밖에 보지 않았던 탓이다. 즉 '기능적 고착'에서 벗어나지 못한 결과다.

만약 당신이 남다른 창의력의 소유자라면 압정 박스는 압정은 물론 촛불이나 그 외의 것도 담을 수 있음을 자연스럽게 떠올려야 한다.

실제로 상자와 압정을 분리한 상태에서 문제를 던져주면 피험자들은

쉽게 문제를 해결했다. 평소에 당신이 마시는 음료수를 생각해보라. 음료수를 담고 있는 병은 유리나 캔, 플라스틱 등으로 되어 있다. 플라스틱 병에 주목해보자. 그 플라스틱 병의 고유 기능은 음료수를 담는 것이다. 하지만 그 안에 담긴 음료수를 모두 마셔버리면 칼이나 가위로 몸통 부분을 잘라 그 윗부분을 깔때기로 활용할 수 있다. 남은 아랫부분은 컵이나 연필꽂이로 사용할 수도 있고 바닥에 구멍을 뚫어 화분으로 사용할 수도 있다.

본연의 용도 외의 사용법을 떠올리는 게 바로 창의력 수준을 결정짓는다. 달리 표현하면 뚜렷함보다는 애매모호함이 창의력과 더욱 가깝다. 그런 창의력을 키우기 위해서는 경험에 얽매이지 말고 두뇌를 의식적으로 해방시켜야 한다. 뇌가 머릿속에만 머물지 말고 세상 구석구석 어디든 두둥실 떠다닐 수 있게 해야 한다. 그건 두뇌의 주인인 당신의 소중한 책무다.

Diversity
창의력 천재, 아인슈타인에게 길을 묻다!

● "두 사람이 업무에 대해 항상 같은 의견을 가지고 있다면, 그중 한 사람은 불필요한 사람이다."

이는 경영 구루 중의 구루라 불리는 톰 피터스(Tom Peters)의 진정 어린 충고다. 한마디로 서로 다르다는 것, 그래서 갈등이 있다는 건 어떠한 의미에서 신의 크나큰 축복이다. 분란과 갈등의 소지가 있기는 해도 서로 다른 무수한 생각을 정리하는 동안 구성원들은 새롭고 높은 수준의 창의력에 도달할 수 있기 때문이다.

다양성을 가진 창의적 인간의 가장 큰 특징은 단연 상황의 지배를 받지 않으며(거스르며) 항상 기존 원칙을 무너뜨린다. 다양성 회복은 동조를 거부하는 데서 시작된다.

"애매한 친구보다는 분명한 적이 되어라."

이는《탈무드》에 나오는 말이다. 주변에 편승하거나 동조하기보다 명확하게 당신의 입장을 정리하라. 그럴 때 비로소 당신의 존재 의미가 분명해진다. 늘 제도권 밖의 비주류라 생각하고 행동해야 하는 것이다.

쉬운 문제 하나를 던지겠다.

"물의 흐름에 맞춰 가장 완벽하게 움직이는 물고기 이름은 뭘까?"

"고등어, 다랑어, 참치…."

혹연 당신이 알고 있는 물고기 이름을 죄다 내뱉지는 않았는가? 그러나 모두 정답은 아니다. 이 문제의 답은 바로 '죽은 물고기'다. 신체 기능이 작동하지 않는 죽은 물고기가 가장 완벽하게 물의 흐름에 따라 움직인다.

한 가지 더 물어보자.

"바람 방향에 맞춰 요리조리 날아다니는 것은?"

"솔개나 독수리?"

틀렸다. 정답은 '잡쓰레기'다. 당신이 가진 개성을 가린 채 늘 주변 상황에 편승하고 권위에 잽싸게 동조하는 삶이라면, 당신은 영혼이 죽은 인간이거나 잡쓰레기와 별반 다를 바 없다.

살아 있는 물고기는 절대로 물의 흐름에만 편승해 움직이지 않는다. 살아 있는 동안 끊임없이 지느러미를 움직이면서 험난한 물살을 거스르며 나아간다. 마찬가지로 누군가로부터 내팽개쳐진 잡쓰레기가 아니라면 바람 방향에 따라 이리저리 흩날리지 않는다.

진정 당신이 상대로부터 원하는 것을 손에 넣고 싶다면, 대세(大勢)라는 단순한 이유 하나만으로 상대에게 동조하거나 편승하는 행동을 해선 안 된다. 편승하고 동조하는 사람에게 돌아갈 몫은 어디에도 없다. 당신의 존재 의미가 뭔지를 다시 한 번 깊이 사색해보라.

20세기 최고의 과학자이자 탁월한 창의력의 소유자 아인슈타인! 그

는 어려서는 물론 유명인이 된 이후에도 상황의 지배를 받지 않았다. 그로 인해 많은 오해와 미움을 사기도 했지만 결코 소신을 굽히지 않았다.

창의력을 가진 사람들의 특징 가운데 하나는 주변의 흐름에 동조하거나 지배를 받지 않고 항상 자기만의 색을 연출한다는 점이다. 아인슈타인은 자신의 머리가 남보다 출중해 상대성이론을 발견했다고 생각하지 않았다. 실제로 아인슈타인이 사망한 뒤 그의 뇌 구조는 평범한 사람들과 별반 다를 바 없음이 판명되기도 했다. 분명한 것 하나는, 아인슈타인은 남다른 창의력의 소유자란 사실이다. 이런 유명한 말을 남기기도 했다.

"You can never solve a problem on the level on which it was created."

문제가 발생된 그 수준에 머물거나 그런 상황에 지배되어선 결코 주어진 문제를 풀 수 없다는 의미다. 즉, 전혀 다른 차원에서 색다른 시각으로 접근할 때 비로소 해답에 이를 수 있다는 주장이다. 아인슈타인은 이런 말도 했다.

"똑같은 방법을 반복하면서 다른 결과가 나오기를 기대하는 사람은 정신병자다."

달라지기를 바란다면 다른 선택을 해야 한다. 동일한 방법으로 어찌 다른 결과가 나올 수 있겠는가. 극히 당연한 이야기인데도 왜 우리는 다른 사람과 똑같은 방법을 거듭하며 전혀 다른 결과를 갈구하는가?

아인슈타인은 학창 시절 '교육을 받기에는 무척 아둔한 아이'로 취급받았다. 선생님들이 부모에게 그를 집으로 데리고 가라고 통보했을 정도였다. 어쩌면 아인슈타인은 당시 독일의 시대 상황(군국주의 교육)에 순탄하게 적응하지 못했을 가능성이 크다. 그는 초등학교 시절 유럽인들의 뿌리 깊은 반유대주의로 인해 깊은 상처를 받았다. 그 상처는 세계적인 과학자로 거듭난 이후에도 아인슈타인을 괴롭혔다.

수년 전 대한민국 최고의 두뇌가 모였다는 한 대학에서 학생들의 자살이 이어졌다. 이를 계기로 사회 여기저기에서 교육 시스템의 개혁을 부르짖었다. 따지고 보면 이미 예견된 것들이다. 애당초 학교는 성적이 우수한 학생은 물론이고 글을 잘 쓰는 학생, 로봇을 잘 만드는 학생, 운동을 잘하는 학생, 노래와 춤에 능숙한 학생들을 선발했다. 하지만 막상

입학을 시킨 이후에는 이들을 학점이라는 잣대 하나로 모든 걸 재단하려 들었다. 다양성을 인정하지 못한 결과가 빚어낸 큰 아픔이다.

배움의 전당 학교는 다양성이라는 무대에서 펼쳐지는 화려한 경연장이어야 한다. 창의력은 다양성을 통해 지켜지고 크게 성장할 수 있음을 잊지 마라.

Think Critically

1

"Distinct or Extinct."
다르지 않으면 죽음뿐이다.

2

살아 있는 물고기는 절대로 물의 흐름에만 편승해 움직이지 않는다.

3

창의력은 다양성을 통해 지켜지고 크게 성장할 수 있다.

07

피터팬 증후군에 빠지다

© Kim Kwang Hee

피터팬 증후군!

(Peter Pan Syndrome)

육체적으로는 성숙했지만 사회에는 잘 적응하지 못하는 '어른아이'

불안, 맹목적 이상화, 무기력, 나르시시즘!

하지만 호기심만큼은
영원히
피터팬으로 남았으면 좋겠다.

동심, 창의력의 또 다른 이름 !

어렸을 때는 방역차를 따라다녔는데 이제는 피하게 된다.
내가 크면서 점점 벌레가 되어가는가 보다.
한 초등학교 2학년 학생의 글(〈조선일보〉, 함민목, 2011.4.2.)

Child's Mind

고양이를 죽이는 것은 호기심이 아니다!

●창의력은 유난히 낯을 가린다. 어른들이 빨리 이리 오라고 손짓을 하면 잽싸게 달아나 버린다. 창의력은 이런 성향을 가졌지만 가장 가까운 친구가 있다. 바로 아이들이다. 창의력이 아이들에게 유난히 끌리는 건 그들의 마음, 바로 동심(Child's mind) 때문이다. 동심은 창의적 발상에 발동

을 거는 호기심의 근원지다.

누군가 이렇게 물었다.

"똥차의 반대말은 뭘까?"

이에 어른들은 이렇게 대답한다.

"고급차."

"새 차(신차)."

"좋은 차."

"벤츠."

이런 어른들의 대답을 가만히 듣고 있던 한 유치원생이 대답했다.

"오줌차."

"…."

이 대답에 어른은 누구 하나 입을 열지 못했다. 또한 우리 몸의 원리와 구조를 흐릿하게(?) 알기 시작한 초등학생은 "밥차"라고 답했다. 밥을 먹으면 몸속에서 소화가 되고 그 노폐물은 변(便)으로 배설된다는 사실을 습득했기 때문이다.

아이들의 상상력에는 길들여지지 않은 원시적 날카로움이 숨어 있다. 그로 인해 어른들의 정형화된 발상, 길들여진 사고방식에 따끔한 일침을 가할 때가 많다.

동심은 창의적 발상에
발동을 거는
호기심의 근원지이다!

아인슈타인은 이렇게 말했다.

“내가 생각하기에 물리학자들은 인류에게 피터팬과 같은 존재다. 그들은 더 이상 자라서는 안 된다. 그들은 계속해서 호기심을 키워나가야 한다. 너무 많이 알면 이미 너무 자란 것이다.”

그런 아인슈타인은 13세 이후로 순수한 의미의 통찰력을 가지지 못했다고 고백한 바 있다. 창의력 천재란 유치한 어린 시절로 마음대로 돌아갈 수 있는 사람이다. 그렇다고 어른이 되어서도 사회에 제대로 적응하지 못하는 ‘어른아이’와 같은 피터팬 증후군에 빠지라는 것은 결코 아니다.

문제는 호기심이다. 사람은 원래 알고자 하는 원초적 욕망을 지니고 있다. 그래서 호기심은 지혜의 시작이라 일컬어진다. 그럼에도 무슨 이유 때문인지 점차 성장하며 그런 욕망을 잃어버린다. 호기심을 잃어버리면 점차 버릇이 굳어지고 타성에 젖어들게 된다.

Curiosity killed the cat.
호기심이 고양이를 죽인다.

이는 과도한 호기심은 고양이를 죽일 만큼 위험하다는 서양 속담이다. 사실 호기심은 그 어떤 것도 죽이지 않는다. 당신이 가진 타성이 되레 호기심을 죽인다. 어딘가에서 접한 유머 한 토막을 각색해 옮겨본다.

한 사내가 오토바이를 타고 국경을 넘으려 했다. 오토바이 뒷자리에는 자루 두 개가 실려 있었다. 국경 경비원이 그를 세우고는 물었다.

"자루 안에 뭐가 들어 있죠?"

사내는 대답했다.

"돌멩이입니다."

경비원은 도저히 믿지 못하겠다는 표정으로 자루를 풀어 까뒤집었다. 그런 다음 내용물을 이리저리 들춰가며 살펴보았다. 하지만 그 안에는 정말 돌멩이만 들어 있었다. 경비원은 허탈했지만 그 사내를 통과시킬 수밖에 없었다. 그 후 사내는 수시로 국경을 통과했고, 그럴 때마다 경비원들은 자루 안에 돌멩이만 있는 걸 확인하고 허탈한 표정으로 그를 보내주었다. 심증은 가는데 물증이 없다! 어느 날 궁금증을 견디지 못한 한 경비원이 사내를 불러 은밀하게 제의를 했다.

"당신이 밀수꾼이란 사실을 입수했소. 그런데 자루를 검사할 때마다 돌멩이밖에 나오지 않으니 대체 어떻게 된 거요? 솔직히 말하면 눈감아 주겠소. 내 약속하리다."

이에 사내는 겸연쩍은 듯 무거운 입을 열었다.

"실은 장물 오토바이를 밀수하는 겁니다."

이 유머에 등장하는 국경 경비원의 사고는 바로 '경험적 편견'에서 비롯한 것이다. 관리·감독의 위치에 있는 사람들에겐 오토바이에 실린 자루에 주목하지 그 자루를 운반하는 오토바이에는 눈이 잘 가지 않는 법이다.

이처럼 어른이 되기까지 경험한 다양한 지식은 편견이란 다른 이름으로도 축적되는 것이다. 한마디로 경험과 지식이 타성에 젖어 융통성은 사라지고 고지식함만 남아 창의적 발상의 장애물로 남는다.

반면에 아이들은 어른들과 달리 다양하면서도 유연한 발상을 거듭할 수 있다. 그건 아이들의 사회적 경험이 어른에 비해 절대적으로 적기 때문이다. 다시 말해 지식의 틀에 구애받지 않아 발상이 자유롭다는 말이다.

"나의 정신세계는 중학생 수준에 머물러 있다고 할 수 있다. 그 세계에서는 영화로 표현하고 싶은 것이 많다. 어느 정도 성장이 멈춘 것이 창작에 도움이 된다고 생각한다."

일본 애니메이션의 대부 린 타로(林太郎) 감독의 말이다. 지식의 유일한 공급자는 경험이라지만 그 경험이 잘못 굳어 타성이 되면 진정한 지식이 아닐 가능성이 높다. 경험만큼 믿음이 가는 지식도 없고 경험만큼 큰 스승도 없다. 경험에 상상력까지 부가할 수 있다면 그건 창의력의 정점에 도달했음을 의미한다.

Hope
황당한 것이 아니면 희망은 없다!

●아이와 어른 사이에는 얼마나 큰 사고 차이가 존재할까? 독창적인 아이디어를 창출하는 능력을 연령별로 비교하고 연구한 것이 존재하는데, 그 결과는 다음과 같다. 이는 조던 아얀(Jordan Ayan)의《아하!》에 등장하는 수치다.

- **5세 이하 : 독창성 90%**
- **7세 : 독창성 20%**
- **어른 : 독창성 2%**

또 다른 결과도 있다. 미국 컬럼비아 대학의 조지 랜드와 베스 자르민 교수가 어린이 1,600명을 대상으로 조사한 결과, 2~5세 어린이 중에는 무려 98%가 창의력 천재로 분류되었다. 또한 초등학교 저학년인 8~10세 어린이 중에는 32%가, 중학생인 13~15세 청소년 중에는 10%가 천재로 분류되었다. 하지만 25세 이상 어른 중에서는 단 2%만이 천재성을 유지했다. 뜨끔한 결과가 아닐 수 없다.

이런 결과는 어른이 되면서 얼마나 많은 창의력을 상실하게 되는지를 잘 보여 준다. 결국 탁월한 창의력과 상상력의 소유자로 거듭나기 위해서는 코흘리개 유치원생의 호기심으로 세상을 바라보아야 한다. 그러면서 쉼 없이 의문을 던지는 것이다.

"왜?"
"만약?"
"어디에?"

"세상에서 가장 위대한 발명은 바로 어린아이의 마음!"이라고 말한 천재 발명가 에디슨과 "사람은 나이에 상관없이 호기심이 사라질 때 늙은이가 된다"라고 한 경영학의 대부 피터 드러커의 설파가 더욱 가슴을 흔든다. 문제는 왜 '어른들에게서 어린이다움이 사라지는 것일까' 하는 점이다.

그렇다면 어떻게 해야 어린아이다움을 유지할 수 있을까? 천재 예술가 피카소도 이 문제에 대해 어려움을 토로한 바 있다.

"모든 아이는 예술가다. 문제는 어른이 된 후에도 그 예술성을 유지할 수 있을까 하는 점이다."

본시 사람은 태어나면서부터 예술가였으나 어른이 되면서 예술성을 잃어버린다는 말이다. 바꿔 말하면, 모든 아이는 태어날 때는 탁월한 창의력의 소유자지만 차츰 어른으로 성장하면서 그 능력을 상실한다는 뜻이다.

왜 사람들은 몸집이 커지면서 그 많던 호기심과 초롱초롱한 눈빛을 잃게 되는 것일까? 짐작이 가는 몇 가지 이유를 짚어보자.

- 아동의 창의력이 동조나 순종에 대한 사회적 압력 때문에 차츰 사라지는 것은 아닐까?
- 속칭 '튀어나온 못이 정 맞는다'는 암묵적 합의(?)가 두려워 그냥 묻어가거나 모방하는 것이 편하다는 것을 자라면서 체험한 탓은 아닐까?
- 교육을 받으며 우리들은 이른바 '상식'을 배운다. 그런데 정작 문제는 상식의 많은 부분이 고정관념을 전제로 성립된다는 점이다. 그렇게 축적된 고정관념으로 뇌가 가득 차 동심이 비집고 들어갈 자리가 사라지는 건 아닐까?
- '해야 할 것'과 '하지 말아야 할 것'을 구별하면서 동심을 잃어버린다. 현실적으로 가능한지를 먼저 판단한 후 행동하려 한다. 이는 평범함이라는 상자 속에 아이들을 가둬두고 무엇을 해야 하고 말아야 하는지만을 가르친 탓이 아닐까?
- 아이들이 지닌 불량기의 싹을 어른들이 처음부터 잘라버리려 하기 때문은 아닐까? 이른바 '불량기가 있다'는 것과 '불량하다는 것' 사이에는 큰 차이가 존재한다. 아이에게서 불량기가 존재한다는 것은 새로운 가능성이 존재한다는 말과 동의어다. 불량기는 개성의 또 다른 모습이기에 얼마든 창의력으로 승화될 수 있다.

"모든 아이는 예술가다.
문제는 어른이 된 후에도
그 예술성을 유지할 수 있을까 하는 점이다."

Curiosity
동심으로 돌아가는 세 가지 비결!

- 자신을 끼워 맞춰라.
- 지침을 따르라.
- HB 연필을 사용하라.
- 꼼꼼하게 필기하라.
- 매일 학교에 나가라.
- 시험을 대비해 공부하라.
- 과제 제출 기한을 놓치지 마라.
- 예쁘게 글씨를 써라.
- 맞춤법을 틀리지 마라.
- 다른 아이들이 사는 것을 사라.
- 질문하지 마라.
- 권위에 도전하지 마라.
- 대학에 들어가라.
- 좋은 경력으로 이력서를 채워라.
- 실패하지 마라.
- 난처한 이야기는 하지 마라.
- 수많은 특별 과외활동에 참여하라.
- 다방면으로 많이 아는 사람이 되어라.

- **여러 과목을 공부해야 하므로 무엇이든 최소한의 시간만 투자하라.**
- **운동은 뒤처지지 않을 만큼만 하라.**
- **국가대표가 될 수 있을 정도로 특출하지 않는 한 운동하지 마라.**

어떤가? 이것들은 마케팅의 구루라 불리는 세스 고든(Seth Godin)의 저서《린치핀》에 등장하는 내용이다. 그에 따르면 앞의 내용은 모두 '학교가 아이들에게 가르치는 것'이라고 한다. 마치 대한민국 교육계를 슬슬 긁는 듯해 속이 개운치 않다.

다음은 마크 폭스(Mark L. Fox)가 자신의 저서《창조경영 트리즈》에 소개한 한 초등학교에서 있었던 얘기다.

담임선생님이 한 여학생에게 건물의 높이를 측정하기 위해 기압계를 어떻게 사용할 수 있는지를 물었다. 물론 선생님은 이 학생이 '건물 바닥과 건물 꼭대기 기압을 잰 후에 압력의 차이를 이용하여 건물 높이를 결정하면 된다'고 대답할 것이라 기대했다. 하지만 정작 학생은 이렇게 대답했다.

"기압계를 들고 건물 계단으로 올라가는 거예요. 기압계 길이가 50cm이니까 건물 꼭대기까지 올라가면서 50cm마다 표시를 해 높이를 재면 돼요."

"아니야. 그건 내가 바라는 정답이 아니야. 기압계로 건물의 높이를 측정하는 다른 방법은 없을까?"

"글쎄요. 기압계에 끈을 묶어 건물 위로 가지고 가서 기압계가 땅에

닿을 때까지 아래로 내린 후에 끈 길이를 가지고 확인하면 될 것 같아요. 아, 맞다! 그리고 물리학 시간에 낙하하는 물체의 방정식은 '무게×중력 계수×시간 제곱'이라고 배웠어요. 그러니까 저 지붕에서 기압계를 그냥 던져서 그것이 땅에 떨어지는 시간이 얼마인지 재서 건물 높이를 찾는 방정식을 풀면 될 것 같아요."

그 말을 들은 선생님은 무척이나 화가 나 학생을 매섭게 다그쳤다고 한다.

어른이라면 선생님이 왜 화를 냈는지 충분히 이해할 것이다. 물론 여학생의 기발하면서도 유치한 생각에 일정 부분 수긍을 하는 사람도 있을 테지만 말이다. 정작 문제는 우리 학생들이 앞의 이야기에서 여학생이 말한 것과 같은 발상을 할 수 있을까 하는 점이다.

제도권 교육에 발을 담그는 순간 호기심은 불필요한 것이라 여기는 것이 현실이지 않은가. 작금의 암기 위주의 획일화된 주입식 교육과 교육 시스템은 학생들에게 한 가지 정답만을 지나치게 강조하고 있다. 그 결과, 학생들이 정답을 찾은 이후에는 그것에 대한 어떤 의문이나 또 다른 답을 찾기 위한 노력을 하지 않는다.

명심해야 한다. 창의적 사고의 가장 큰 장애물은 '정답은 항상 하나밖에 없다'는 괴이한 논리다. 진정으로 창의력이 흘러넘치는 답과 아이디어를 기대한다면 다양한 가능성의 문을 열어둬야 한다.

출입문이 꼭 하나일 필요는 없다. 마찬가지로 사고의 출입문도 하나

창의적 사고의 가장 큰 장애물은
'정답은 하나밖에 없다'는 괴이한 논리다.
사고의 출입문이 하나가 아니어야
다양한 창의적 사고가 쏟아질 수 있다.

가 아니어야 다양한 창의적 사고가 쏟아질 수 있다. 학교는 금형(金型)이고, 학생들은 그 금형으로 찍어낸 일괄적 제품이어서는 곤란하다.

"내가 전에 다 해 봤는데…."

주변에서 이따금씩 접하는 말이다. 어른들은 아이들에 비해 다양한 경험을 했다는 이유만으로 모두 다 알고 있다는 착각에 쉽게 빠진다. 그로 인해 발상이 더 이상 나아가지 못한다. 창의력은 동심을 먹고 자란다. 그렇다면 어떻게 해야 동심으로 되돌아갈 수 있을까?

다음에 제시하는 세 가지만이라도 우선 실천에 옮겨보자.

첫째, 눈높이를 낮춰 사물을 바라보는 습관을 길러라.

'내가 6살이라면 어떻게 했을까?'라는 생각을 가지고 아이의 관점에서 보자. 그러려면 일단 유치해질 용기가 필요하다.

둘째, 종종 괴짜가 되어라.

한마디로 형이상학적이고 유별난 사람이 되는 걸 두려워하지 말아야 한다. 당신은 137억 년 우주 탄생 이래 유일한 사람이다.

셋째, 끊임없이 호기심을 가져라.

가급적이면 How(어떻게)가 아니라 더욱 근원적 물음인 Why(왜)와

If(만약), Why Not(왜 안 돼)을 입에 달고 살아야 한다. 그리고 왕초보의 눈으로 세상(사물)을 바라보고 사고해야 한다.

Think Critically

1

동심은 창의적 아이디어에 발동을 거는 호기심의 출발지다.

2

창의적 사고의 가장 큰 장애물은 '정답은 항상 하나밖에 없다'는 괴이한 논리다.

3

처음 들었을 때 황당하게 느껴지지 않는다면 그 생각에는 희망이 없다.

4

당신이 배워야 할 중요한 스킬 하나는 근원적 물음이다.

08

1억 7년의 기다림

중생대 백악기에 서해안을 거닐었던 공룡의 알 화석 앞.
관광객이 이렇게 물었다.
"이 화석은 얼마나 오래된 것입니까?"
이에 안내원이 답했다.
"1억 년 하고도 7년이 된 화석입니다."
관광객이 고개를 갸웃거리며 물었다.
"7년은 또 뭡니까?"
이에 안내원이 대답하길,
"여기에서 제가 안내를 한 지 7년째거든요."

기법, 창의력으로 나아가는 나침반

!

다섯 명이 함께 토론을 했을 때 좋은 점은 뭘까?
그건 바로 다섯 개의 뇌를 동시에 가동시켜 그 이상의 결과물을 얻을 수 있다는 점!

Way of Thinking

사고 발상법

창의적 발상을 하는 방법엔 문법처럼 딱 맞아떨어지는 것이 없다. 하지만 길을 잃지 않도록 이끌어주는 나침반은 존재한다. 창의적 아이디어에 이르는 각 단계를 순차적으로 다듬어 정립해놓은 일종의 매뉴얼, 즉 '사고 발상법(Way of thinking)'이 바로 그것이다. 발상법이 필요한 이유는 이렇다.

첫째, 우리 머릿속에 들어 있는 막연하거나 흐릿한 이미지를 더욱 더 선명하게 만들어주고 다양한 각도로 접근해 의식을 새롭게 일깨워 준다.

둘째, 평소엔 전혀 별개의 두 사물이 마치 밀접한 관계로 연결돼 있는 것처럼 생각하도록 두뇌를 유연하게 해 준다.

셋째, 얽히고설켜 매우 복잡한 성질의 사안을 단순 · 명료화시켜 한눈에 그걸 인지하도록 도와준다.

넷째, 세상에 존재하는 다양한 사물을 서로 비교함으로써 비판 및 평가의 중요성을 깨닫게 해준다.

다섯째, 한 줄 문장처럼 명료하게 표현하기 힘든 내용을 체계적으로 정리할 수 있게 해준다.

사고 발상법은 이처럼 창의적 아이디어 도출에 없어서는 안 될 소중한 생각 도구다.

Brainstorming
브레인스토밍

●간혹 시대에 뒤처진 기법이라는 평가를 받기도 하지만 자타가 인정하는 현재 가장 대중화된 창의적 발상 도구는 바로 브레인스토밍이다. 이는 구성원들이 모여 서로의 아이디어를 자연스럽게 끄집어내는 집단 기법의 하나다.

"두 사람의 머리는 한 사람의 머리보다 낫다."

"좋은 아이디어를 얻는 최선의 방법은 많은 아이디어를 얻는 것이다."

한마디로 브레인스토밍은 아이디어 수를 무엇보다 중요시한다. 다시 말해 'We are smarter than me'를 가리킨다. 'we'는 다수를, 'me'는 개인을 지칭하는데 한 명의 엘리트보다는 다수의 범인(凡人)이 훨씬 지혜롭다는 의미다. '백지장도 맞들면 낫다'는 우리 속담과도 맥이 닿는다.

이처럼 브레인스토밍은 참여자의 머릿수가 늘어나면 더 많은 아이디어와 지혜가 도출된다는 논리에 기반을 둔다. 많은 의견과 아이디어가 도출되면 그 안에 유효한 방안이 포함되어 있을 가능성이 높고 그것을 평가 및 결합하는 과정을 통해 문제 해결 능력을 강화할 수 있다는 확신 때문이다. 이러한 브레인스토밍의 활용에는 네 가지 기본 규칙이 존재한다.

첫째, 타인의 의견을 절대 비판하지 않는다.

둘째, 자유분방하며 비현실적 발상이 환영받는다.

셋째, 최대한 많은 아이디어를 제안한다.

넷째, 기존의 아이디어에 새로운 아이디어를 융합시켜 또 다른 아이디어를 도출한다.

이 가운데에서도 첫째의 '타인의 의견을 절대 비판하지 않는다'는 매우 중요한 규칙이다. 본시 아이디어란 매우 예민하기 때문에 누군가의 비난을 받으면 두려워 곧장 숨어버리는 경향이 있다.

화분을 생산하는 회사가 있었다. 생산된 화분은 이동 중에 부딪혀 곧잘 깨지거나 귀퉁이에 상처가 생겨 불량품 처리가 되는 경우가 많았다. 그래서 출하 시엔 화분 하나하나를 정성껏 신문지로 싸서 절대 망가지지 않도록 해야 했다. 그런데 문제가 생겼다. 작업자가 신문지로 화분을 포장하다 눈에 띄는 기사라도 발견하면 무의식중에 작업을 잠시 멈추고 읽곤 했다. 그만큼 생산성도 떨어졌다.

해결책으로 신문지 대신에 그림이나 활자가 전혀 인쇄돼 있지 않은 백지 사용을 검토했으나 이는 원가 상승을 부추기는 더 큰 문제를 안고 있었다. 회사 관리자들은 여러 가지 해결책을 궁리했지만 마땅한 해답을 찾지 못했다. 생각해보라. 사실 화분을 신문지로 싸는 일은 누구에게든 단순하고 따분한 작업이다. 일하는 도중 신문 기사에 눈이 가는 건 어쩌면 자연스러운 일이다.

어느 날 사장은 직원들을 회의실로 불러 모았다. 브레인스토밍 기법을 활용하여 이 문제의 해결책을 찾고자 했다. 다행히도 직원들의 의견이 봇물처럼 쏟아져 나왔다.

"신문을 보다가 적발이 되면 월급을 깎아버리지요."
"기사를 읽을 수 없도록 아예 신문을 잘게 자릅시다."
"외국 신문을 사용하면 어떨까요?"
"작업자들끼리 서로 주의를 주도록 합시다."
"아예 신문을 보지 못하도록 작업자의 눈을 가려요."

그렇게 브레인스토밍은 끝이 났다. 그동안 골머리를 앓아오던 문제의 해결책을 찾았기 때문이다. 그 열쇠는 바로 '작업자의 눈을 가리는 것'이었다.

'에이, 말도 안 돼!' 하고 시큰둥한 반응을 보일지 모르겠으나 사실상 그 방법이 최선의 해법이다. 즉 포장 작업자의 눈을 가리는 게 아니라 앞이 보이지 않는 시각 장애인을 고용하기로 결론지었다. 우려와 달리 이들은 일반 작업자보다 더 열심히 일했다. 그로 인해 생산성은 이전보다 훨씬 높아졌다. 게다가 사회적 약자인 장애인을 고용함으로써 사회 공헌 활동에 적극적인 회사로 인정받기도 했다.

이처럼 언뜻 생각하면 얼토당토않은 황당한 의견을 통해서도 해법의 실마리를 찾을 수 있다. 이게 바로 브레인스토밍의 위력이다.

PART 1

좋은 아이디어를 얻는
최선의 방법은
많은 아이디어를
얻는 것이다.

Brainwriting
브레인라이팅

●브레인라이팅은 브레인스토밍의 확장판이다. 이는 기존의 브레인스토밍이 가진 단점을 보완해 아이디어를 좀 더 효율적으로 창출하자는 의도에서 출발했다. 브레인스토밍과 다른 점이 있다면 구성원들의 생각을 말이 아닌 글로 표출한다는 것이다. 즉 발언을 통한 아이디어 발상인 브레인스토밍과 달리 글과 침묵을 통한 개인 발상법이 바로 브레인라이팅이다. 이 때문에 성격이 소심하거나 발언이 서툰 사람들이 주위 눈치를 보지 않으면서 자신들이 가진 획기적 아이디어를 공유하는 데 매우 유용하다. 이는 매트릭스 시트를 6·3·5법(6명이 둘러앉아 3개의 아이디어를 5분 동안 생각하고 작성하여 옆으로 돌리는 방법)에 근거해 아이디어를 얻는 방법으로, 앞사람의 의견에 자신의 발전된 아이디어를 추가해나가는 방식이다. 이 과정이 끝나면 각자 가지고 있는 시트 내용을 참가자들이 함께 평가해 좋은 아이디어를 몇 개씩 골라내면 된다. '아이디어 수'라는 측면에서 보면 그 어떤 발상법보다 뛰어나다.

작성자	아이디어1	아이디어2	아이디어3

TRIZ
트리즈

트리즈는 주어진 문제에 대한 가장 이상적인 결과를 정의하고 그 결과를 얻는 데 관건이 되는 모순이 무엇인지를 찾아내 이를 극복함으로써 그 누구도 생각하지 못한 창의적이고 혁신적인 해결 방안을 얻는 것이다. 이를테면, '가벼우면서도 튼튼한 것', '기능(디자인)이 우수하면서도 가격이 저렴한 것', '영업사원을 줄이면서도 영업망은 확충시키는 것', '크고 무거우면서도 연비는 적게 드는 것' 등이라 할 수 있다.

'○○를 많이 먹으면 오래 산다.'
'○○를 많이 먹으면 빨리 죽는다.'

○○에 들어갈 단어는 뭘까? 두 질문은 완벽하게 모순(상반)되지만 여기에 가장 어울리는 답은 바로 '나이'다. 이처럼 모순을 극복하지 않고서는 혁신도, 창의력도 없다. 또한 어떤 문제와 그 해결책은 끊임없이 되풀이된다. 따라서 여러 문제에서 모순을 잘 분류하고 체계화하면 그 문제에 대한 창의적 해결책을 더욱 쉽게 찾을 수 있다. 대표적인 트리즈 해결 원리를 몇 가지 살펴보자.

- 여러 가지를 동시에: 하나의 물건이 여러 기능을 수행한다. (예: 스위스 만능 칼)
- 분할: 대상을 독립된 부분으로 나누고, 조립 · 분해가 쉽도록 한다. (예: 짬짜면)
- 속성 바꿔보기: 대상의 특성(크기, 속도, 색깔 등)을 바꾼다. (예: 온도 변화에 따라 색깔이 바뀌는 맥주병 라벨)
- 거꾸로 해보기 : 대상의 위아래를 바꾸고, 고정된 부분과 움직이는 부분을 바꾼다. (예: 뚜껑에 열선이 설치된 전기 프라이팬)
- 사전 조치: 문제 해결을 위해 미리 조치한다. (예: 주름이 들어간 청바지 혹은 상의)
- 복제품 활용하기: 너무 비싸거나 구하기 어려운 경우 제품을 복제품으로 대체한다. (예: 자동차 충돌 테스트의 인체 모형 더미)

트리즈가 다른 창의력 발상 기법보다 뛰어난 것은 과거에 나온 최고 아이디어들의 패턴을 세부적으로 분석해 이를 데이터베이스화시켜놓음으로써 객관적 해결 방안을 찾을 수 있다는 점이다. 언론에 소개된 사례다.

삼성전자가 드럼세탁기를 출시한 지 얼마 되지 않았을 때, 고객들의 불만이 쏟아졌다. 소음 문제로 인한 것이었다. 세탁기 내부에는 탈수를 할 때 드럼을 받쳐주는 터브(tub)라는 이름의 플라스틱 부품이 있다. 이것은 강도를 높이기 위해 요철(凹凸) 모양으로 만들어졌다. 하

지만 요철 모양으로 인해 드럼이 고속 회전할 때 소음이 크게 발생하였다. 그렇다고 터브를 요철 없이 매끈하게 만들면 부품의 강도가 떨어졌다. 이에 고민하던 개발팀은 트리즈의 원리 중 하나인 '분할'을 활용해 문제를 해결했다. 기존 제품에서는 요철이 터브의 전체 면적에 퍼져 있었다. 하지만 개발팀은 신제품을 만들면서 터브의 중심부에만 요철을 만들었다. 요철이 있는 곳과 없는 곳으로 공간을 분할한 것이다. 이를 통해 터브 부품의 강도를 유지하면서 소음도 줄일 수 있었다. (〈조선일보〉, 2011.5.1.)

Idea Check List
체크리스트법

사전에 '질문 목록'을 준비해놓고 아이디어를 창출하는 것이 체크리스트법이다. 뭔가 기발한 아이디어를 떠올려야 할 경우 그저 막연하게 머리를 짜내는 것보단 발상 기준(질문)을 미리 정해두고서 아이디어를 이끌어낸다.

- 전용(Put to the other uses)한다면?
- 응용(Adapt)한다면?
- 변경(Modify)한다면?
- 확대(Magnify)한다면?
- 축소(Minify)한다면?
- 대체(Substitute)한다면?
- 재배치(Rearrange)한다면?
- 역전(Reverse)한다면?
- 결합(Combine)한다면?

이처럼 "~한다면?"과 같이 질문을 던져 아이디어를 탐색하는 것이다.

이런 체크리스트 기법은 누구든 손쉽게 활용할 수 있어 인기가 높다. 하지만 체크리스트에 지나치게 의존한 나머지 참여자의 발상이 수동적 혹은 기계적이 되거나 전혀 다른 영역으로 흘러가지 않도록 주의해야 한다.

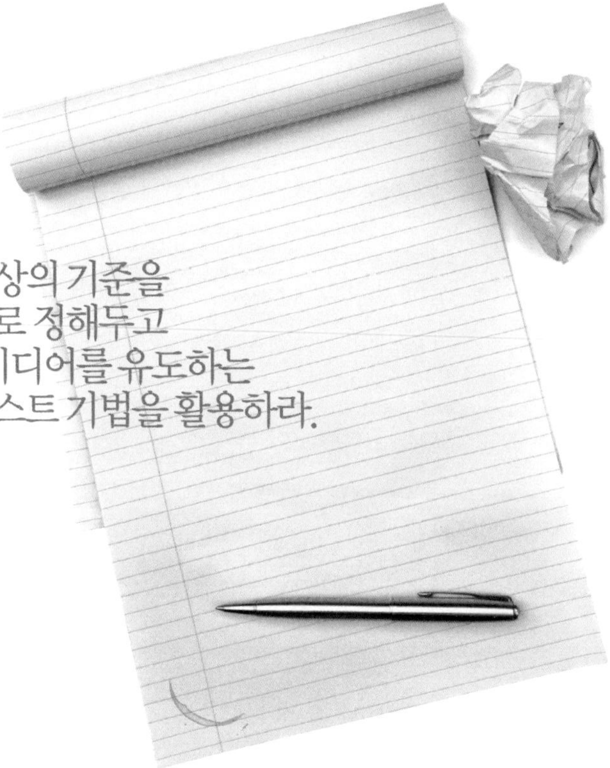

발상의 기준을
순서대로 정해두고
아이디어를 유도하는
체크리스트 기법을 활용하라.

Plus Minus Interesting
PMI법

●어떤 주제가 주어지면 딱 세 가지, 즉 좋은 점, 나쁜 점, 흥미로운 점을 검토한 다음, 이 세 가지를 종합적으로 판단하여 향후 방향성을 도출하는 기법이 PMI법이다.

가령 로스쿨에 진학할 생각을 가지고 있다면, 로스쿨 진학 시 자신에게 장점이 많을지 단점이 많을지 하나씩 짚어본다. 다만 '흥미로운 점'의 경우 직접 경험하지 않고서는 예측하기 어렵다. 따라서 본인의 의사나 인식 여하에 따라 장점도, 단점도 될 수 있어 미래 지향적으로 접근하는 것이 좋다.

결국 PMI법은 장단점이라는 이분법으로 접근하는 것이 아니라 흥미로운 점까지 추가함으로써 보다 종합적인 사고와 판단을 하자는 취지다. 특히 사물에 대한 판단은 숫자와 데이터뿐만 아니라 사람과 문화 등 수치화가 힘든 요소도 함께 반영할 수 있다는 강점을 가진다.

Plus(장점)	Minus(단점)	Interesting(흥미로운 점)

좋은 점, 나쁜 점, 흥미로운 점을 바탕으로 향후 방향성을 제시하는 PMI법을 활용하라.

Forced Relationship
강제 연관법

전혀 관련이 없다 하더라도 관련지어라. 이것이 바로 강제 연관법의 핵심이다. 두 사물이 아무런 관련이 없다 할지언정 억지로라도 관련지어 아이디어를 도출한다. 어떤 사무용 기기 제조업체의 신제품 개발 아이디어를 도출한다고 가정해보자. 첫 번째 단계에서는 가까운 곳에 존재하는 사물들을 떠올린다. 그런 다음에 그것을 있는 그대로 열거하여 목록을 만든다. 이를테면,

- **의자** - **책상** - **스탠드** - **서류함** - **책** - **연필꽂이 등**

그런 다음 이 가운데 무작위로 하나를 선택해 다른 것과 하나씩 연관을 지어 아이디어를 창출한다. 책상과 의자, 책상과 스탠드, 의자와 서류함 등처럼 관련지어 다음과 같은 아이디어를 도출한다.

- **의자가 붙어 있는 책상**
- **책상 위에 탈부착이 가능한 스탠드**
- **의자와 일체가 된 서류함**
- **책상에 딸린 연필꽂이**

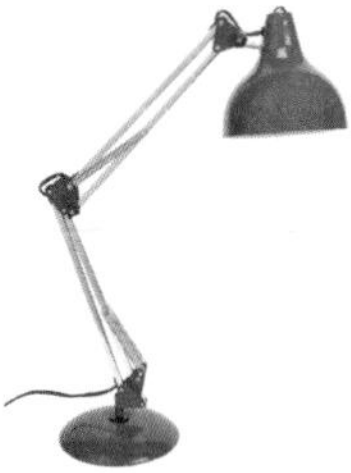

두 사물 사이에
아무런 관련이 없어 보인다 하더라도
관련지어 아이디어를 도출하라.

Attribute Listing
속성 열거법

● 사물의 구체적인 속성에 답이 숨어 있다. 그런 취지로 개발된 기법이 바로 속성 열거법이다. 수많은 사물(공정, 제품)에는 각각의 속성이 존재한다. 그런 사물의 속성(문제를 잘게 나누면 나눌수록 아이디어가 쉽게 도출)에 주목한 것이 이 기법의 가장 큰 특징이라고 할 수 있다.

사물의 속성을 크게 나누면 세 가지다. 스마트폰을 예로 들어보자.

■ **명사적 속성: 전체, 부분, 재질, 제조법 등**

· **전체: 스마트폰**

· **부분: 액정, 버튼, 몸체, 카메라, 배터리**

· **재질: 플라스틱, 금속, 가죽, 고무**

· **제조법: 금형, 조립**

■ **형용사적 속성: 성질, 상태**

· **성질: 가볍다, 무겁다, 편리하다, 얇다**

· **상태: 직사각형, 라운딩, 베젤리스, 큰 화면**

■ **동사적 속성: 기능**

· 기능: 전화를 주고받는다, 메시지를 전달한다, 사진과 동영상을 찍는다, 인터넷에 접속한다, 정보를 찾는다, 게임과 오락(SNS)을 즐긴다.

이처럼 다양한 속성 분석(분류)을 통해 참신하고 창의적인 아이디어를 도출할 수 있다.

Mind Map
마인드 맵

마인드 맵이란, 글자 그대로 '마음의 지도'라는 의미다. 이 기법은 전통적인 필기의 한계를 극복하는 유효한 대안이다. 다차원적이고 무순서적인 인간의 특성을 살려 백지 위에 핵심 주제를 그리고, 그것을 중심으로 소주제 단위로 방사형 가지를 펼쳐나간 후 가지 끝에 핵심 사항들을 정리한다.

이렇게 하면 왼쪽 뇌의 특징인 논리 · 분석력이 활성화되고, 가지 끝에 다양한 색과 그림으로 내용을 표시함으로써 오른쪽 뇌의 특징인 창의력과 상상력을 자극시킬 수 있다. 결국 마인드 맵은 좌뇌와 우뇌를 동시에 사용하는 두뇌 친화 도구라고 할 수 있다.

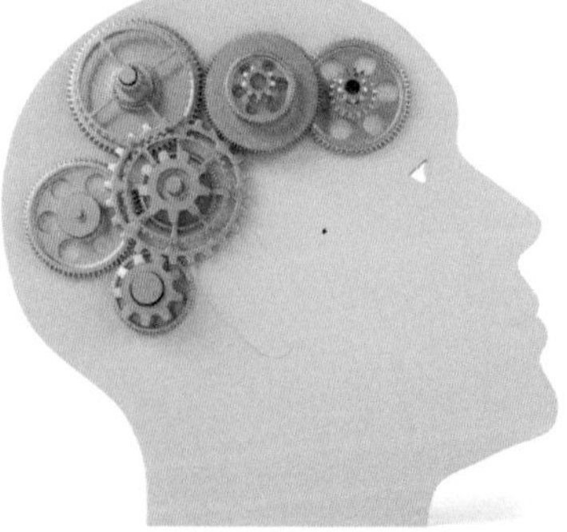

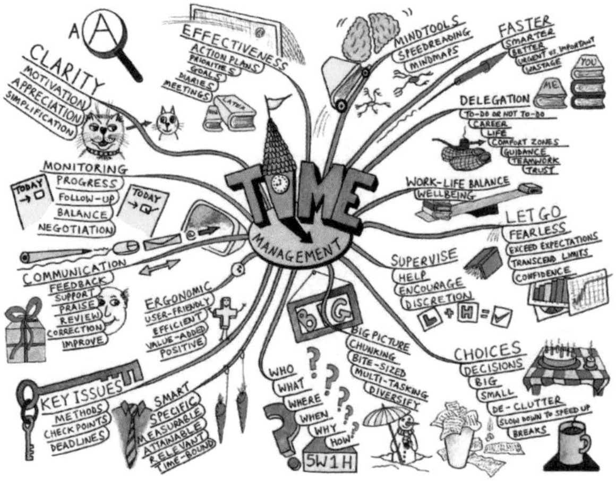

Think Critically

1

발상법은 머릿속에 들어 있는 막연하거나
흐릿한 이미지를 더욱더 선명하게 만들어주고
다양한 각도로 접근해 의식을 새롭게 일깨워준다.

2

발상법은 평소 전혀 무관해 보이는 두 사물이
마치 관계가 있는 것처럼 생각하게끔 두뇌를 유연하게 해준다.

3

발상법은 얽히고설켜 매우 복잡한 성질의 사안을
단순 · 명료화시켜 한눈에 그것을 인지하도록 도와준다.

Coffee Break

눈이 녹으면 '뽀로로'가 죽어요!

어린이는 어른의 아버지

영국 시인 윌리엄 워즈워스(William Wordsworth)의 시 〈무지개〉 중에서

한 초등학교 1학년 시험에 다음과 같은 문제가 출제되었다.

'이웃집 아주머니께서 우리 집에 큼지막한 수박 한 통을 가지고 오셨습니다. 그 아주머니께 뭐라고 말씀 드려야 할까요? 정답을 아래 빈칸에 써 넣으세요.'

이에 몇몇 학생이 이런 답을 썼다.

- 진짜 크다요.	- 괜찮습니다.
- 안녕하세요.	- 수박 있는데.
- 짱 맛있겠다.	- 수박 싫어요.
- 우와 짱 대박.	- 같이 먹어요.
- 아줌마 최고.	- 놓고 가세요.

이에 담임선생님은 이러한 답을 쓴 학생들에게 당치 않은 답이라며 '×(틀림)'라는 평가를 내렸다. 분명 우리 사회 정서상 앞서 열거한 대답들은 옳지 못하다. 그렇다면 어떤 대답이 '○(정답)'으로 평가받았을까? 예상대로, 아니 관행대로 답은 '감사합니다' 혹은 '고맙습니다'였다.

설령 그렇다 하더라도 이제 갓 학교에 들어온 초등학교 1학년생에게 교육이라는 미명 아래 사회에서 정한 이른바 고리타분한(?) 대답이나 잣대만을 들이대는 건 너무 가혹하다. 창의력 넘치는 사회를 만들기 위해서는 이들의 천진난만하고 톡톡 튀는 그리고 때로는 다소 불손한 의견에도 귀 기울여야 하지 않을까.

또한 학생에게 질문을 던져 스스로 사고하게 하는 방식이야말로 창의력 계발에 매우 유익하다는 사실도 잊지 말자.

Coffee Break

한 초등학교에서 국어 시험에 다음과 같은 문제를 냈다.

'눈이 녹으면 (   ).'

학생들은 괄호 안을 어떻게 채웠을까? 대부분의 학생이 괄호 안에 '물이 된다'라고 적었다. 그런데 한 학생의 답안은 많은 이에게 큰 울림을 주었다. 그 답은 바로,

'눈이 녹으면 (봄이 와요).'

'눈이 녹는다'라는 일차원적 사고에서 탈피해 보다 다차원적이고 창의적 사고를 한 결과라 판단된다. 이 문제를 또 다른 사고로 접근해보자.

"뽀로로가 죽어요" _**유치원생**

"평화가 와요" _**정치인**

"부피가 줄어요" _**의류 도매상**

"예술이 사라져요" _**눈 조각가**

"아빠가 무사해요" _**아빠의 퇴근길을 걱정하는 딸**

"사랑하는 가족을 만나요" _**기러기 아빠**

다음은 한 초등학교의 수행평가 문제다.

'할머니 생신입니다. 할머니에게 드릴 카드를 예쁘게 그려봅시다.'

이 문제에 대한 한 학생의 답변이다. 그림을 참조하라. 아주 걸작이다.

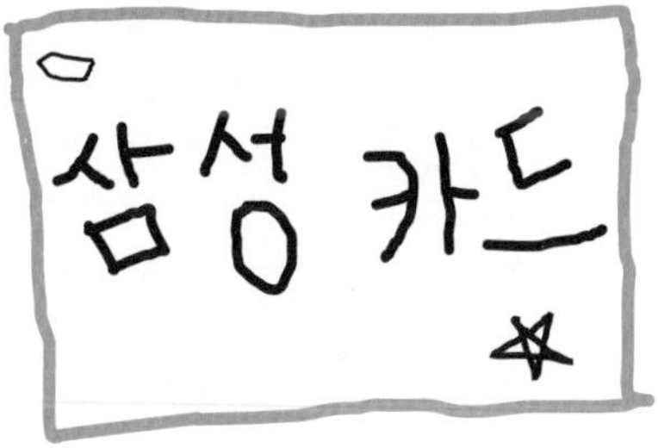

신용카드와 그림(감사) 카드를 헷갈렸다고 빈정거리진 마라. 당신이라면 어떤 그림을 그렸겠는가? 적어도 어른이라면 이런 식의 대답은 애당초 불가능하다. 아니, 떠올리지 못한다. 천진난만하면서도 때 묻지 않은 아이의 깜찍한 상상력은 유쾌함이라는 삶의 감초 그 자체다. 하루 빨리 상투적인 걸 침묵시켜라!

PART 2

창의력에 ○○을 허(許)하라!

Part1에서는 창의력 계발을 위한
다섯 가지 핵심 요소(지식, 동기부여, 다양성, 동심, 기법)를 하나씩 살펴보았다.
사실은 다섯 가지 핵심 요소 외에도 몇 가지 중요한 요소가 있다.
즉 다양한 '광고'를 통해 얻는 영감, 부단한 노력과 실천이라는 '지속성'
그리고 '수평적 사고를 요하는 문제(퀴즈)'들을 수시로 접하는 것이다.
Part2에서는 이런 요소(광고, 지속성, 퀴즈)들에 대한 자세한 설명과
세상에서 가장 창의적이라는 유대인의 힘과 지혜
그리고 이들이 가진 창의력의 실체를 집중 탐구해본다.

01
F컵 가슴에 화들짝 놀라다

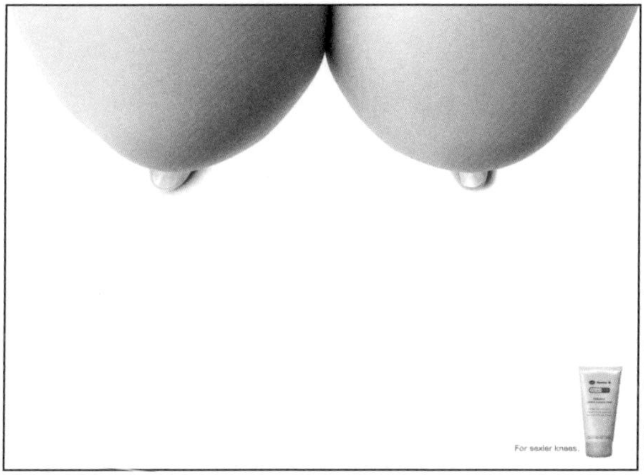

타이의 Boots Body Cream 광고

허걱! 웬 풍만한 가슴?

하지만 자세히 들여다보면

유방은 무릎,
유두는 엄지발가락인 것을
알 수 있다.

무릎에 바르는 보디 크림 광고다.

광고, 탁월한 창의력의 소산 !

비즈니스에서 광고를 뺀다면 그것은 칠흑 같은 어둠 속에서
사랑하는 연인을 향해 윙크하는 것과 같다.
광고인 스튜어트 헨더슨(Stuart Henderson)

Advertisement
어둠 속에서 그녀에게 윙크하기!

● 쓰레기, 쓰레기, 온통 쓰레기뿐이다. 아침을 여는 신문 속에도, 일과를 시작하며 열어보는 이메일에도, 종일 수시로 날아드는 스마트폰의 문자 메시지에도 허접한 광고 뭉치가 넘쳐 난다. 하루속히 쓰레기가 아닌 광고 본연의 가치를 회복하기 바란다.

인간은 본능적으로 자신을 포함하여 두 사람 이상이 모이면 언제나

자신을 상대에게 알리기 위해 갖은 용을 쓴다. 이는 동서고금을 막론하고 마찬가지다. 그 방법론과 도구만이 그때그때 다를 뿐이다.

프랑스의 한 광고인은 '광고'를 이렇게 극적으로 표현했다.

"우리가 호흡하고 있는 공기는 산소와 질소 그리고 광고로 이루어져 있다."

오늘날의 삶 대부분이 비즈니스와 직·간접적으로 연계되면서 광고를 떠나 한시도 살 수 없다. 아침에 일어나 잠자리에 들 때까지 우리는 약 5,000개에 이르는 광고에 노출된다.

· 간단하게 만들라(Make it simple).

· 기억하게 만들라(Make it memorable).

· **시선을 끌게 만들라(Make it inviting to look at).**

· **재미있게 만들라(Make it fun to read).**

이는 세계적인 광고인 레오 버넷(Leo Burnett)이 설파한 광고가 가져야 할 덕목들이다. 그러고 보면 광고만큼이나 창의력과 상상력을 시험할 수 있는 존재나 잣대도 없다. 광고 속에 숨어 있는 코드는 하나같이 모두 창의력의 정수(精髓)이자 결실이다. 광고는 창의력과 떼려야 뗄 수 없는 불가분의 관계다.

광고란 창의력으로 가는 수레바퀴다. 꽉 막힌 사고, 틀에 함몰된 사고, 그저 그런 사고를 넘어 늘 참신하고 독창적인 것을 추구한다. 또한 세상에 광고가 없었다면 현재의 창의력 계발이나 그런 발상을 위한 기법들은 빛을 보지 못했을 수도 있다.

만약 당신이 발상의 벽에 부딪혀 헤매고 있다면 세상에 나와 있는 무수한 광고를 가급적 자주 그리고 많이 접하라. 광고 속의 영감은 당신에게 거대한 벽을 허물 수 있는 엄청난 해머를 안겨줄 것이다. 광고에게 도움 청하길 꺼려 마라!

Aha!
당신, 반드시 무릎을 치리라!

●두 장의 인쇄 광고를 보라. 무슨 제품의 광고인지 알겠는가? 먼저 광고에 대해 간략한 설명을 덧붙인다.

두 개의 광고 중 왼쪽 것은 편의점 혹은 할인점 내부로 보인다. 그리고 오른쪽 것은 도서관 내부다.

장면은 서로 다르지만 두 광고에서 하나의 공통분모가 엿보인다. 상품 진열대와 책장 앞에 각각 한 명의 여성이 서 있다. 그녀의 발뒤꿈치를 보라. 여성은 머리 위의 어떤 상품과 책을 집어 들기 위해 무진장 애를 쓰고 있다. 그러다 여성은 결국 일을 냈다. 여성 맞은편에는 진열대에서 떨어져 깨진 음료수 병과 그로 인해 쏟아진 내용물로 바닥이 엉망이 되었다. 오른쪽 광고도 마찬가지다. 여성의 맞은편 바닥에 책들이 떨어져 뒤엉켜 있다.

“어라, 이게 뭐지?”

사진 구석구석을 아무리 들여다보아도 감이 잡히지 않는다고? 광고 속 장면이 서로 달라서일지도 모른다. 문제 해결의 열쇠는 두 광고의 공통분모에서 찾을 수 있다. 그래도 보이지 않는다고? 좋다. 일단 넘어가자.

또 다른 인쇄 광고 두 장을 소개한다.

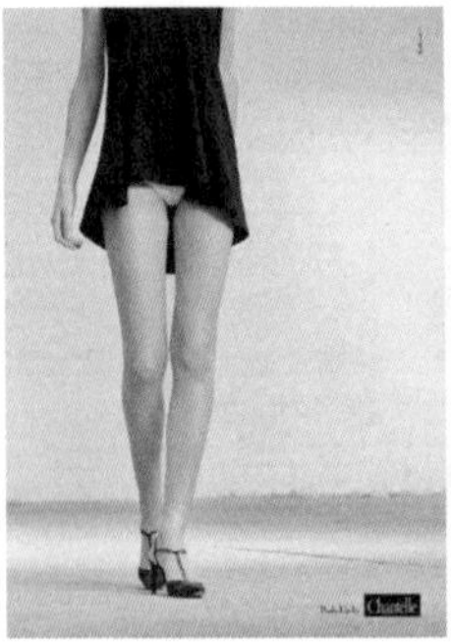

광고 콘셉트는 이렇다.

왼쪽 광고에 짧은 원피스를 입은 여성 한 명이 보인다. 얼굴과 상반신은 보이지 않는다. 다만 여성의 치마 앞부분이 살짝 들리면서 새하얀 속옷이 가감 없이 드러난다. 오른쪽 광고는 버스 혹은 지하철을 기다리는 사람들이 줄지어 선 모습이다. 맛집 아니냐고? 물론 그럴 수도 있겠다. 여기서 주목해야 할 점은 늘어선 줄 중간 정도에 한 남성과 여성 사이의 앞뒤 거리(공간)가 꽤나 벌어져 있다는 사실이다.

뒤쪽 줄의 사람들이 “앞으로 밀착 좀 합시다”라는 불평을 터뜨릴 법한 상황이다. 하지만 아무도 그런 불평을 늘어놓지 않는다. 어떻게 그걸 아냐고? 다 아는 방법이 있다. 그 점이 바로 이 광고를 꿰는 핵심 콘셉트이기 때문이다.

앞의 두 광고에 이어 이번 광고들 역시 좀처럼 감이 오지 않는다고? 이걸 어쩌나! 그렇다면 당신을 위한 결정적 힌트! 앞서 제시한 네 장의 인쇄 광고는 모두 동일한 상품의 광고다. 어떤가? 이쯤 되면 어떠한 공통분모를 찾은 당신의 입에서 "아하!" 하는 탄성이 절로 터져 나와야 옳다.

"구두 광고 맞죠?"

"왜 그렇게 생각하나요?"

"네 장의 광고에 등장하는 여성의 구두가 모두 비슷한 것 같아요."

대단한 관찰력이다. 하지만 정답과는 거리가 있다. 그럼 대체 무슨 상품의 광고란 말인가? 이제 슬슬 "아~" 하는 당신의 탄식이 들려오는 듯하다.

야(野)하다! 근래 들어 부쩍 심하다는 느낌이다. 요즘 광고들은 하나같이 S라인의 여성과 우람한 근육질 남성으로 넘쳐난다. 의류나 화장품, 자동차, 기호 식품 등 여성이나 남성과 밀접한 관련이 있는 상품이라면 그렇다 하더라도 굳이 벗을 필요성을 느끼지 못하는 윤활유, 타이어, 심지어 피자나 아이스크림, 주방 용품 광고에서도 예외 없이 섹시한 여성과 근육남이 등장한다. 왜 꼭 그래야만 하는 것일까?

그 이유를 모르는 바는 아니다. 소비자들이 이제 웬만한 광고에는 눈길을 주지 않기 때문이다. 그러다 보니 자극적인 것, 조금 더 자극적인

것만 추구하게 된 것이 아닐까 생각된다. 더불어 섹스나 섹시함은 광고의 영원한 테마가 아닌가!

광고의 가장 큰 목적은 기업이 자사의 상품을 팔고자 하는 취지에서 비롯된다. 따라서 잠재 소비자의 정서에 강하게 호소하여 사람들의 마음을 끌어당겨야 한다. 그러자면 소비자의 허를 찔러야 한다.

혹시 아직도 앞서 보여준 네 장의 인쇄 광고가 무슨 상품의 광고인지 떠올리지 못한 독자는 있을까? 내가 그렇다고. 그런 이들이 가진 뇌의 가려움증을 단숨에 해소시키고자 뒷부분의 'Coffee Break'에 답을 제시해두었다. 답을 확인하기에 앞서 스스로 충분한 고뇌의 시간을 가져보기 바란다. 그러는 동안 당신의 뇌는 조금씩 조금씩 창의력이란 섹시하고 우람한 근육을 키워가게 될 것이다.

Think Critically

1

우리가 호흡하고 있는 공기는 산소와 질소
그리고 광고로 이루어져 있다.

2

광고만큼 창의력과 상상력을 시험할 수 있는 존재도 없다.
광고 속에 숨어 있는 코드는 하나같이
모두 창의력의 정수이자 결실이다.

3

인간은 하루 5,000개의 광고에 노출된다.
광고는 창의력과 떼려야 뗄 수 없는 관계에 있다.

02
최후의 승자는 누구?

황새가 개구리를 덥석 물었다.
개구리도 이에 질세라 황새의 목을 잡고 늘어졌다.
결국 누가 이겼을까?
'개구리'라고? 아니 '황새'라고? 그건 고정관념이다.

이 싸움의 결말은
마지막까지 포기하지 않은 쪽이
이긴다.

지속성, 거대한 바위를 뚫는 괴력

!

두께 0.1mm의 신문지를 몇 번 접어야 달나라에 도달할 수 있을까?
백만 번? 아니 백억 번? 틀렸다.
겨우 42번이다. 작은 일이라고 해도 거듭하면 큰 성과를 낼 수 있다.

Continuous

우연을 기회로 만드는 방법!

● 울퉁불퉁 근육, 그것이 바로 창의력이다. 끊임없이 운동을 거듭하면 터미네이터 같은 우람한 가슴과 초콜릿 복근을 가질 수 있다. 이와 마찬가지로 지속성은 우리 두뇌를 창의력이라는 탄탄한 근육으로 거듭나게 만든다.

세계적인 심리학자 존 크럼볼츠(John Krumboltz) 교수는 '계획된 우연의 이론(Planned Happenstance Theory)'을 제창했다. 그는 오늘날처럼 급변하는 환경에서 전혀 예상치 못한 사건이 터졌을 때 그것을 기회(chance)로 받아들일지, 예기치 못한 재난(unexpected disaster)으로 받아들일지에 따라 삶이 크게 바뀔 수 있다고 지적한다.

그렇다면 맞닥뜨린 우연을 재난이 아닌 기회로 바꾸는 것이 당신의 본분이요, 소명이다. 크럼볼츠는 이를 위해선 아래 다섯 가지 요소가 필요하다고 주장했다.

- **호기심(Curiosity)**
- **지속성(Persistence)**
- **유연성(Flexibility)**
- **낙관주의(Optimism)**
- **모험심(Risk-taking)**

이 중에서 특히 주목을 끄는 것은 '지속성'이다. 집착력이라 해도 좋겠다. 제대로 된 결실을 추구하기 위해선 초지일관 지속적으로 일을 추진해야 하고, 그래야만 우연을 기회로 만들 수 있다. 아무런 대가 없이 찾아오는 우연은 없듯, 창의력도 결코 쉽게 찾아오지 않는다.

그렇다면 이런 지속성은 창의력과 어떤 관계일까?

창의력 전문가인 로버트 와이스버그(Robert W. Weisberg)는 "진정으로 창의력을 구현하기 위해선 관련 전문 분야에서 10년 동안의 노력이 필요하다"며 '10년 법칙'을 제기했다. 그의 주장대로라면 창의력과 지속성은 서로 영향을 주고받는 한 몸인 셈이다.

- **무슨 일이든 중도에 포기하지 말고 한 발 한 발 꾸준히 나아갈 것!**
- **난관에 부딪히더라도 두려워하거나 회피하지 말고 차근차근 하나씩 풀어갈 것!**

이는 언뜻 들으면 특별하거나 색다른 비법이 아닌 지극히 평범한 행위다. 하지만 이런 지속성 여부가 개인과 조직의 영고성쇠를 좌지우지해왔다. 한없이 자유로워 보이는 주인공의 탁월한 창의력도 단조로운 일상을 견디며 쌓은 내공을 통해 발현되는 것일 뿐. 창의력은 까만 밤하늘에서 불현듯 섬광처럼 다가오는 게 아니다.

급변하는 경쟁 환경에서 '앞만 보고 쉼 없는 전진하라!'는 무딘 주장은 난센스일 수도 있다. 그래선지 종종 지속성을 진부한 정신론쯤으로 치부하는 사람도 있다. 세련미 넘치고 합리적인 것만을 금과옥조(金科玉條)로 여기는 이들에게 지속성은 매력이 결여된 무미건조한 요소일 수 있다. 또한 무모하고 고집스러운 시골뜨기의 관념 정도로 비칠 수도 있다. 하지만 현실 세계에서 개인이든 조직이든 창의력의 성패를 가른 분기점은 끊임없는 도전, 즉 지속성이 기본이란 사실만큼은 잊지 말자.

'인디언들이 기우제(祈雨祭)를 지내면 반드시 비가 온다'라는 말을 들어본 적이 있을 게다. 그들이 지내는 기우제에는 어떤 특별한 효험이 있어서일까? 절대 그렇지 않다. 어떤 효험 덕분이 아니라 비가 내릴 때까지 열흘이고 한 달이고 쉬지 않고 계속해서 기우제를 지내기 때문이다. 삶에 대해 적극적인 인디언들의 정신세계를 엿볼 수 있는 대목이다.

남태평양에 사는 원주민들은 나무 주변을 둘러싸고 "쓰러져라! 쓰러져라!" 하고 목청껏 외친다고 한다. 그렇게 한 달 정도 소리를 지르면 나무가 실제로 쓰러진다는 것이다. 이는 정병태의 《감사의 말 한마디》에 나오는 이야기다. 어떤 말일지라도 만 번 이상 되풀이하면 반드시 미래에는 그 일이 이루어진다는 인디언들의 격언과도 맞닿는다.

당신이 무언가에 도전했다 실패로 끝났다면 이유는 하나다. 도중에 도전을 멈춘 탓이다. 성공하는 그날까지 계속했다면 반드시 성공을 거둘 수 있었을 텐데 말이다. 이처럼 창의력을 이끌어내는 비법도 사실은 지극히 단순하다.

그런데 말이다. 로버트 와이스버그의 '10년 법칙'보다 훨씬 더 강도 높게 지속성의 중요성을 주장한 이가 400년 전에 존재했다면 믿겠는가?

미야모토 무사시(宮本武蔵)가 바로 그 주인공이다. 그는 쌍검을 사용해 상대를 제압하는 이천일류(二天一流) 병법의 원조다. 13세부터 29세까지 벌인 60여 회의 싸움에서 단 한 번도 패하지 않은 명실공히 당대 최고의 검객이었다. 그는 각지를 떠돌며 수행에 몰두하다 50세 때부터는 병법을 연구해《오륜서(五輪書)》를 남겼다. 이른바 일본판《손자병법》이다. 그 안엔 이런 심오한 구절이 등장한다.

"천일(千日)에 걸친 연습은 단(鍛)이며, 만일(萬日)에 걸친 연습은 연(鍊)이라 한다. 그 점을 가슴 속 깊이 새겨들어라."

이 말인즉, 끊임없는 반복(양적 반복)을 통해서만 비로소 질적 변화가 생겨난다는 것이다. 어떤 분야에서든지 세상을 향해 "단련(鍛鍊) 좀 했다"고 말하고 싶다면 단(鍛)의 3년과 연(鍊)의 30년을 합친 33년 정도는 연습을 해야 무사시의 말에 합치된다. 무사시가 전하고자 하는 요지는 실로 단순하지만 그 심오함은 일반인들의 생각을 몇 곱절이나 뛰어넘는다.

영어로 '성공하다'란 의미인 'Succeed'엔 '계속하다'라는 의미도 함께 들어 있다. 분명 '성공'하기 위해선 그것이 어떤 일이든 손에서 놓지 말고 '지속'하는 것이 중요하다.

결국 제대로 된 아이디어를 도출하려면 일희일비할 게 아니라, 수년 혹은 수십 년이라는 긴 시간에 걸쳐 지속적 노력이 수반돼야 한다.

Challenge
960번의 대단한 도전

3,000번의 섹스! 환상적일까, 곤혹스러울까? 수컷 사자가 자신의 대를 이을 새끼 한 마리를 탄생시키기 위해선 적어도 암컷 사자와 3,000회에 달하는 짝짓기를 해야 한다. 하루에 100회씩 꼬박 한 달은 코피 쏟아질 만큼 지속해야 하는 것이다.

그렇다면 탁구의 스매싱은 어떨까? 스매싱은 탁구에서 가장 먼저 배우는 기술로, 스윙을 더욱 빠르게 휘둘러 상대의 범실을 유도하는 공격 기술의 하나다. 과거에 탁구를 배워본 적이 있다면 알 것이다. 제대로 된 스윙을 하기 위해 얼마나 오랜 시간을 연습해야 하는시 말이다. 하루에 적어도 1,000번씩 팔을 휘둘러야 한다. 열흘이면 1만 번, 1년이면 36만 5,000번이다. 이게 기본이다. 선수들은 종종 라켓 대신에 아령을 들고 연습을 하기도 한다.

그런 연습을 장기간 동안 수없이 해야 실전에서 정확한 스윙 한 번을 성공시킬 수 있다. 그래야 한 점을 겨우 획득한다. 마찬가지로 야구의 홈런 뒤에는 무수한 파울과 아웃이 있다.

창의력 계발도 마찬가지다. 어쩌면 지속성 없이 창의력을 계발하는 건 불

가능할지도 모른다. 한겨울의 얼음 석 자가 어찌 하루아침에 생겨나겠는가(氷凍三尺非一日之寒).

지속성의 힘을 새삼 일깨워준 감동적인 사례 하나가 있다.

'At First She Didn't Succeed, but She Tried and Tried Again(960 Times).'

당일 〈뉴욕타임스〉 인터넷판에서 가장 주목을 받은 기사 제목이다. 대체 어떤 이가 960번, 거의 1,000번에 가까운 도전을 했다는 말인가? 기사의 주인공은 바로 한국인이었다. 전북 완주에 사는 차사순 할머니의 이야기는 많은 사람에게 감동을 선사했다.

할머니는 무슨 일에 도전을 한 것일까? 생애 첫 애마를 몰기 위해서는 반드시 통과해야 하는 검증 시험이 있다. 그것은 바로 운전면허 시험이다. 이 시험에 할머니는 무려 960번 도전한 끝에 2종 보통 운전면허증을 손에 거머쥐었다. 한마디로 '959전(顚) 960기(起)'의 집념과 끈기의 귀감이다. 할머니는 의지의 한국인이요, 인간 승리의 표본임이 분명하다.

할머니가 운전면허 도전에 나선 건 예순을 훌쩍 넘긴 지난 2005년이었다. 그 문턱은 할머니에게 그 어떤 장벽보다 높았다. 할머니는 주말과 국경일을 제외하고 거의 매일 시험장을 찾았다.

첫 시험에서 할머니가 받은 점수는 15점이었다. 이후 35점, 40점, 50점, 58점까지 계속 점수가 오르기는 했지만 2종 보통면허 합격선인 60

쉼 없이 도전하는 삶 앞에 불가능이란 없다.

끈질긴 도전 끝에 마침내
크나큰 창의력을 얻을 수 있다.

점을 넘지 못하고 낙방을 했다. 하지만 이에 굴하지 않고 지속적으로 면허시험장을 찾았다.

"有弗思 思之弗得弗措也."
(유불사 사지불득불조야)

이는 《중용》에 등장하는 명구절이다. 생각을 하지 않았다면 몰라도 일단 생각했다면 얻어지는 것이 있을 때까지 멈춰서는 안 된다는 심오한 충고다.

바로 할머니가 그랬다. 마침내 950번째 필기시험을 치른 2009년 11월, 할머니는 60점을 받아 합격의 기쁨을 누렸다. 950회의 시험 응시 횟수는 전국의 운전면허 시험장이 문을 연 이래 최다 기록이다. 그 후에도 기능시험과 도로주행시험에서 9번이나 떨어지고, 10번째 도전에서야 비로소 운전면허증을 손에 넣을 수 있었다.

할머니의 집인 완주에서 운전면허 시험장이 있는 전주까지 가려면 버스를 두 번이나 갈아타야 했다. 그동안 들어간 인지대(1회 6,000원)와 면허 취득을 위해 오간 교통비, 밥값만 해도 몇 천만 원은 족히 넘을 것 같다.

"공부도 그렇고 뭐든지 중간에 하다 말면 모르는 채로 끝나잖아요. 학교나 학원도 다니다 말면 소용없고. 사람들이 자꾸 나에게 어떻게 계속했느냐고 묻는데, 나는 그저 끝까지 했다, 이렇게 말하고 싶어요."

할머니의 한 점 티 없는 말처럼 쉼 없이 도전하는 삶 앞에 불가능이란 존재하지 않는다. 창의력 계발이라고 예외겠는가!

Think Critically

1

예상하지 못한 사건이 벌어졌을 때 그것을 기회로 받아들이느냐, 예기치 못한 재난으로 받아들이느냐에 따라 삶은 크게 뒤바뀔 수 있다.

2

지속하는 힘과 끈질긴 노력 없이 진정한 창의력을 얻는 건 불가능하다.

3

양질전화(量質轉化). 끊임없는 반복(양적 반복)을 통해서만 비로소 질적 변화가 생겨난다.

03

당신이 유난히 빛나는 까닭

사물이 더욱 빛나는 까닭은?

주변에 깔린 어둠 때문이다.

그렇다면 당신의 아이디어가
더욱 돋보이는 까닭은?
사라져간
무수한 아이디어 덕분이다.

이게 바로 세상의 근본 이치요, 진리다.

문제 하나, 직선 밖을 사량(思量)하라

!

많은 사람이 죽기보다 생각하는 것을 더 싫어한다.
솔직히, 거의 모든 사람이 그렇다.
영국 철학자 버트런드 러셀(Bertrand Russell)

Lateral 수평적 사고의 중요성 Thinking

●다음 페이지의 그림을 보라! 9개의 점만으로 이뤄진 4각형이다. 오로지 4개의 직선만을 사용해 9개의 점을 모두 연결시켜라. 단, 선을 긋는 도중에 펜을 종이에서 떼면 안 된다.

해법을 찾기 위해선 흔히 말하는 '상자 밖의 사고(Thinking outside the box)', 즉 수평적 사고가 필요하다. 하지만 여전히 많은 사람이 '상자 안의 사고(Thinking inside the box)'조차 제대로 이해하지 못한다. 상황이 이러한데 상자 밖의 사고를 하라니 힘들 수밖에!

상자 안의 사고란 한 인간이 과거에 쌓은 경험과 노하우, 관행 등이 자신의 현재와 미래를 구속하거나 구속할 가능성이 있는 걸 말한다. 따라서 창의적 사고를 위해선 상자 안의 틀을 깨고 과감히 밖으로 나오는 위험을 감수해야 한다. 사실 앞의 문제는 무척 익숙하다. 창의력과 관련된 책에 무수히 소개되고 있어 창의적 사고 여부를 논하기보다 과거에 접한 적이 있느냐 없느냐가 해법의 관건이다. 즉 창의력이 아니라 축적된 기존 지식의 배설에 지나지 않는다.

잘 알려진 것처럼 해법은 이렇다.

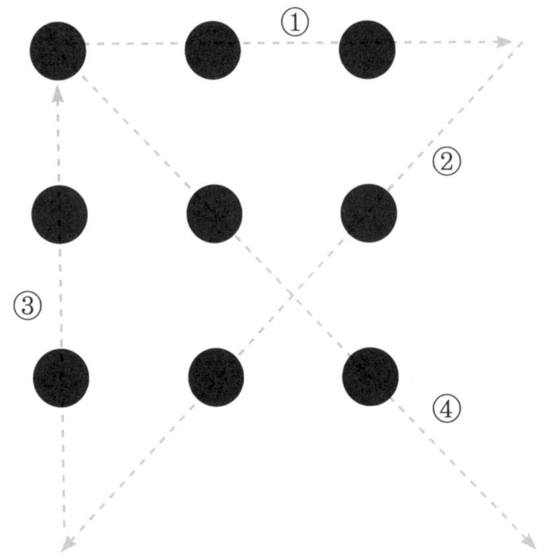

그럼 9개로 구성된 4각형 형태의 점을 가지고 또 다른 문제를 떠올려보자. 연결하는 직선의 수를 하나 줄인, 직선 3개만을 사용해 9개의 점 모두를 연결시켜보라. 위의 조건처럼 도중에 펜을 떼어서는 안 된다.

이쯤 되면 모두 고민에 빠진다. 일부 사람은 트릭(잔머리)을 사용하지 않는 한 불가능한 게 아니냐고 되묻는다. 단언하건대 분명 문제 해결에 이르는 비결은 있다. 이제 슬슬 자신이 그동안 갈고닦아온 창의력이란 두뇌 근육을 동원할 차례다. 우선 전제 조건을 다시 한 번 떠올려보라.

전제 조건 어디에도 9개의 점 정중앙에 직선이 통과해야 한다는 말은 없었다. 그렇다면 적어도 점에 선이 닿기만 하면 된다. 제법 간단하다.

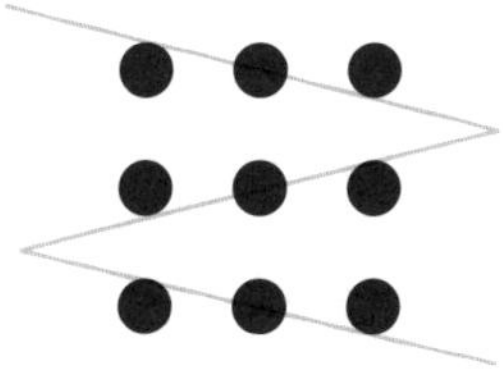

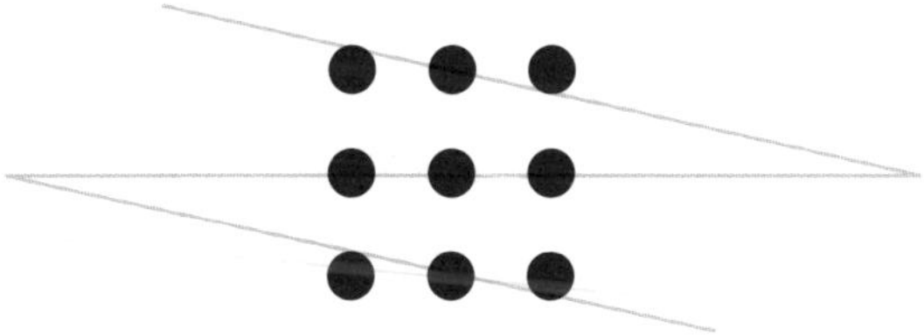

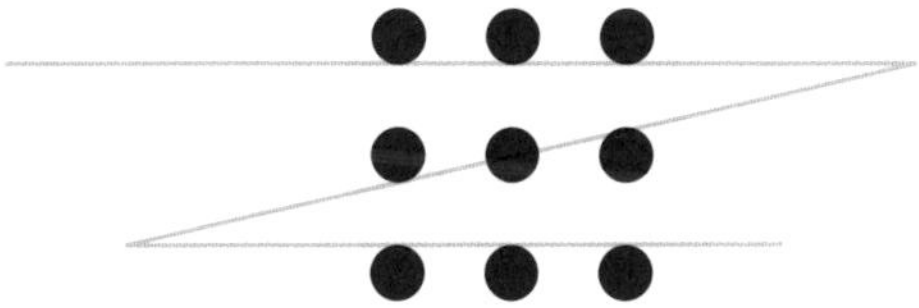

앞서 제시한 것처럼 몇 가지의 문제 해결 방안이 있다.

이번에는 2개의 직선만을 사용해 9개의 점 모두를 연결시켜라. 마찬가지로 도중에 펜을 떼어선 안 된다. 이 경우에도 전제 조건을 다시 한 번 상기해보라. 그 어디에도 9개의 점 정중앙에 직선이 통과해야 한다는 말은 없다. 점에 선이 닿기만 하면 된다. 이런 조건이 있지만 이번 문제는 예사롭지 않다. 직선을 두 번만 그어서 어떻게 9개의 점을 모두 통과한단 말인가. 당신이 가진 창의력을 총동원해야 한다.

"아하!"

전제 조건을 보면 펜의 굵기에 관한 명확한 규정이 없다. 그렇다면 문제 해결하는 것은 누워서 떡 먹기다. 몇 개의 점 위를 단번에 통과할 수 있는 굵기의 펜을 가지고 선을 그으면 된다. 다음 페이지의 그림처럼 말이다.

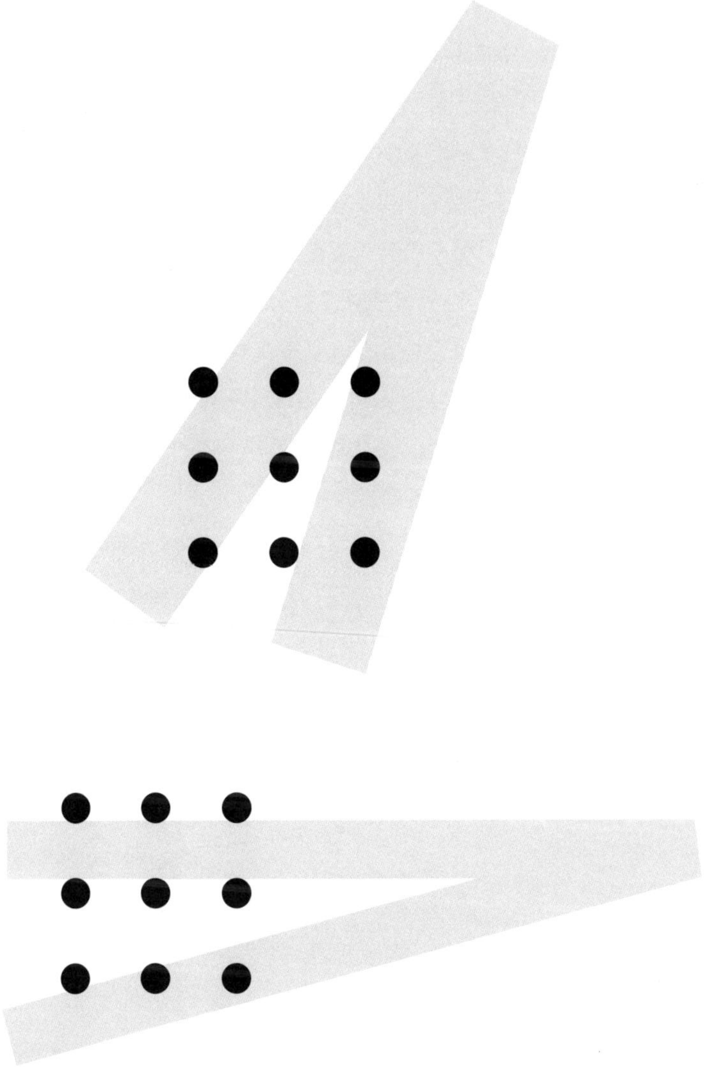

"에이~ 그까짓 것 누가 못해!" 하는 불만이나 핑계는 잠시 접어두는 게 좋다. 아직 문제는 끝나지 않았다. 이쯤 되면 펜의 굵기만 가지고 승부하려는 단세포적 발상이 두뇌를 지배할 수 있다. 자칫 문제가 싱거워져 이 책의 주제와도 멀어질 수 있다.

선과 점에 관한 수학적 정의를 보면, 선에는 폭이 없고 점에는 면적이 없다. 그래서 점과 선에 관한 수학적 정의를 그대로 적용시킨다면 앞서 행한 문제 해결법은 분명 옳지 못하다. 따라서 문제를 이렇게 바꾸었다.

펜의 굵기는 점과 점 사이의 거리보다 훨씬 가늘다. 이런 상태에서 9개의 점 모두를 2개의 직선만을 사용해 연결시켜라.

"어라, 뭐라고요?"

갑자기 높은 벽이 턱하니 당신 앞을 가로막는 느낌일 수 있겠다. 그런 당신을 위해 힌트를 하나 준다. 9개의 점이 평면에 그려진 상태에서 직선 2개만으로 연결시킨다는 건 불가능하다. 그렇다면 9개의 점이 그려진 입체를 떠올려야 한다.

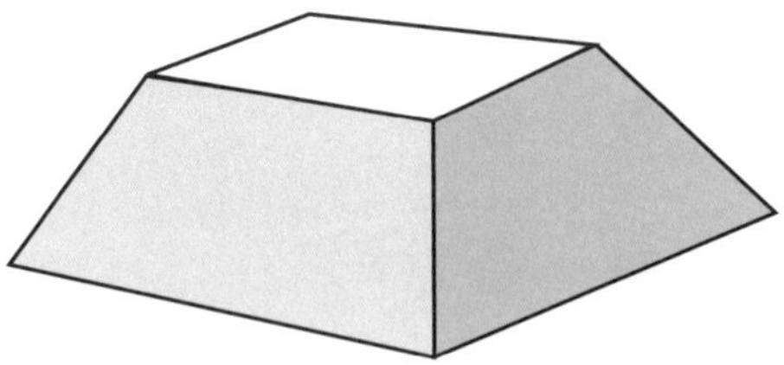

위 그림처럼 입체는 위가 잘려 나간 사각뿔이다. 잘린 사각뿔을 위에서 바라보았을 때 9개의 점이 4각형으로 구성되도록 그 표면에 그린다. 그런 다음 아래처럼 직선을 2개 연이어 그으면 완성된다.

관점을 바꿔 입체적으로 접근하니 한결 쉽지 않은가! 이게 바로 당신이 원했던 창의적 발상이다.

위에서 본 모습

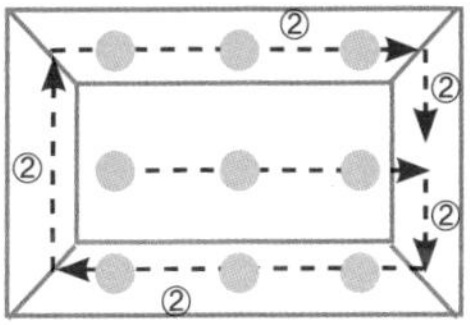

옆에서 본 모습

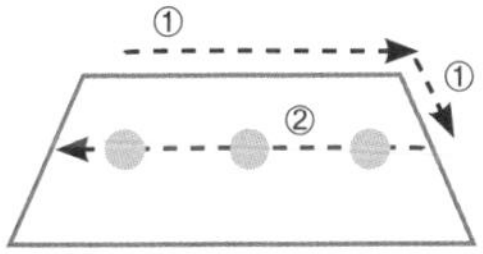

①은 한 번 꺾이는 것처럼 보이지만 위에서 보면 직선임.
② 역시 옆(정면)에서 바라보면 모두 직선임.

당신에겐 미안하다. 이게 무슨 뜬금없는 소리냐고? 사실은 지금까지 제시한 문제들은 다음 문제를 풀기 위해 약간(?) 뜸을 들인 것에 불과하다.

그럼 본론에 들어간다. 오로지 1개의 직선만을 사용해 9개의 점 모두를 연결시켜라. 무수히 언급했듯이 선을 긋는 도중에 펜을 떼서는 안 된다.

앞서 지적한 수학적 정의에 따라 점과 선에는 면적과 폭이 없다고 했다. 그렇다면 가장 기본적이고 정상적인 방법으로 문제를 풀어야 한다. 도무지 방향을 잡기가 쉽지 않다면 전제 조건을 살펴보라.

어디에도 종이를 반드시 평면 상태로 둔 채 선을 그으라고는 되어 있지 않다. 직선 2개만을 가지고 연결시킨 사각뿔처럼 말이다. 그렇다면 평면이 아닌 입체를 통해 해결책을 찾을 수 있지 않을까? 그렇다. 요지를 잘 간파했다.

당신도 분명 아래처럼 문제 해법을 찾았으리라 믿는다. 종이를 원기둥 형태로 말은 후 표면에 9개의 점을 그린 다음 아래 그림처럼 점 위를 따라 선을 그으면 된다. 여기서 중요한 것은 9개의 점으로 구성된 사각형을 원통과 수평으로 그리는 것이 아니라 약간 기울어지게 그려야 한다. 원통을 따라 선을 긋는 동안, 위에서 바라보면 그 선은 모두 직선이다.

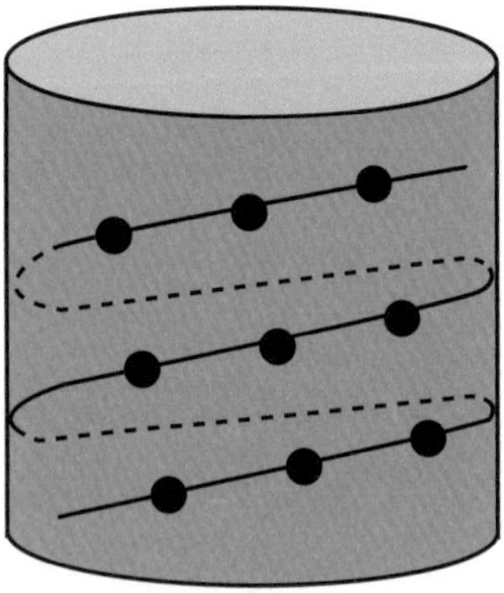

Idea
진정 당신이 창의적 인간이라면?

●지금부터는 한 단계 높은 차원의 문제들을 다뤄보고자 한다. 그 어떤 책에서도 찾을 수 없는 난해하고 까다로운 문제다. 설령 머리에 쥐가 나더라도 참아야 한다. 수평적 사고를 갈고닦는 길은 본시 멀고도 험난하다.

아래 그림을 보라.

16개의 점으로 구성된 4각형이 보인다. 6개의 직선만을 사용해 16개의 점 모두를 연결시켜보라. 단, 선을 긋는 도중에 펜을 떼어서는 안 된다.

점의 수가 앞 문제의 9개에서 16개로 늘어나 더 난해하고 혼란스러워 보일 거다. 하지만 앞서 풀어본 9개의 점을 4개의 직선만으로

연결하는 해법을 참고해 이리저리 선을 긋다보면 금방 해법에 이를 수 있다. 아래와 유사한 해법이 몇 가지 도출됐을 것이다.

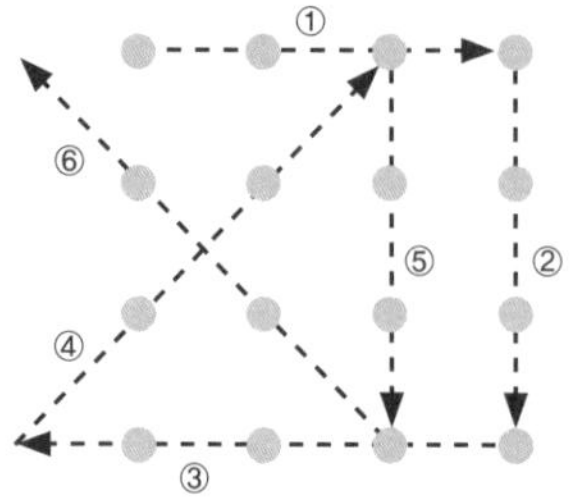

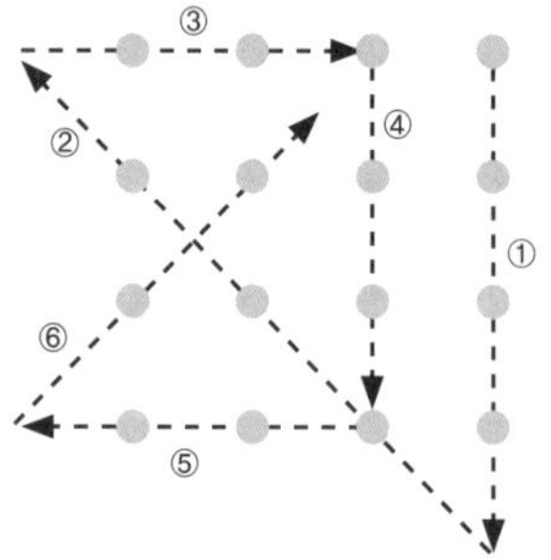

사실 앞의 문제는 크게 어렵지 않다. 진정으로 우리들이 사고해야 하는 건 '직선 밖의 사고(Thinking outside the lines)'다. 단순히 상자 밖으로만 나가는 게 아니라 기존의 규칙성을 탈피하는 사고다. 다음 두 그림을 통해 알 수 있듯 일정 선상(정렬)에 있는 규칙을 벗어나야 한다. 점선으로 표시한 부분을 보면 수긍이 간다.

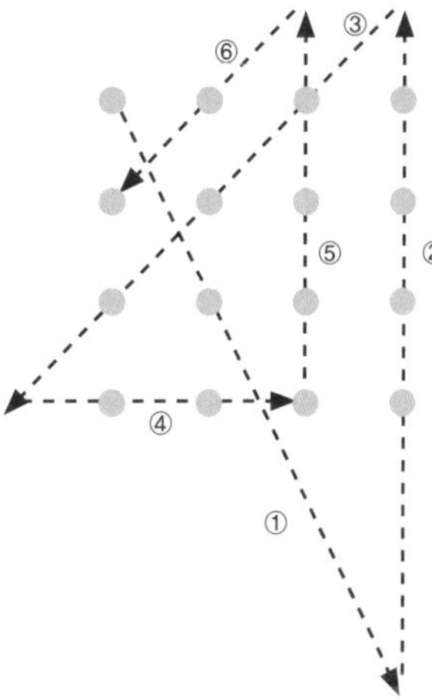

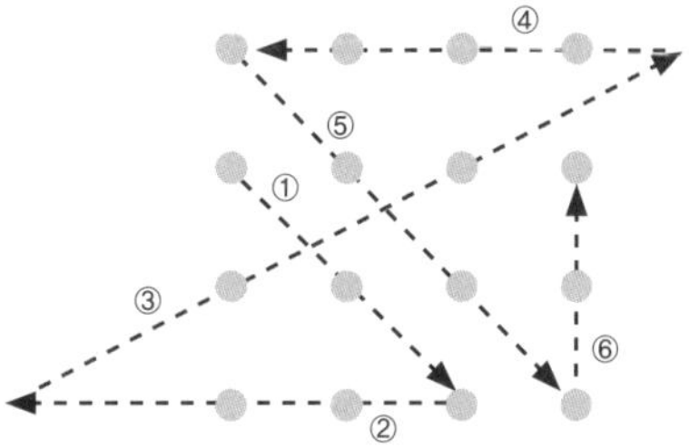

이게 전부일까? 물론 아니다. 인간의 발상은 무한하다. 앞의 답변처럼 기존의 규칙성을 벗어나는 것만으로 무언가 사고가 빈약해 보인다. 점과 점을 잇는 직선들의 디자인 측면도 고려해야 옳다. 좌우 혹은 상하가 대칭을 이룬다면 균형이란 측면에서도 더욱 안정되고 아름다워 보인다. 아래 그림은 완벽하게 상하와 좌우가 모두 대칭을 이룬다. 그래서 더욱 눈에 띈다.

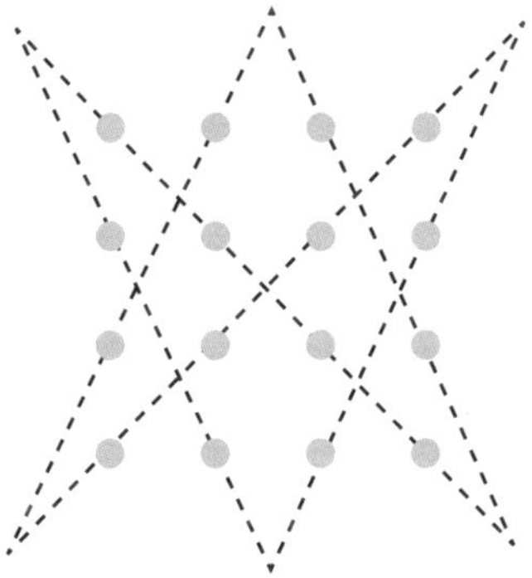

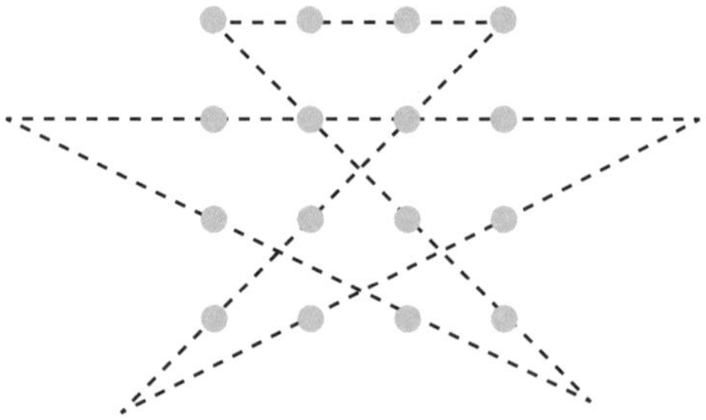

그럼 최고의 수평적 사고가 발휘된 경우로 눈을 돌려보자. 아래 그림을 보라. 직선 6개는 점 16개를 모두 통과하고 있다. 여기까지는 앞의 해법들과 별반 다르지 않다. 푸른 점선의 원 안을 유심히 살펴보라. 바로 꺾이는 지점이 보인다. 그 지점이 점도 아니고 상자 밖도 아닌 상자 안에서 모두 이루어지고 있다. 아무나 쉽게 떠올릴 수 있는 발상이 결코 아니다.

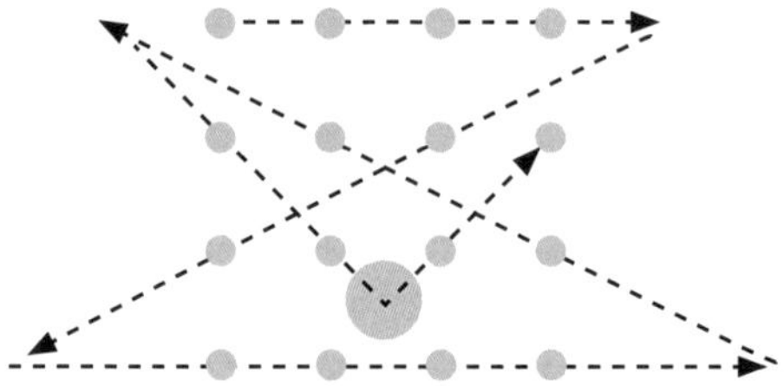

직선 6개로 점 16개를 잇는 문제는 지면상 여기서 끝맺을까 한다. 그렇다고 당신의 사고마저 여기서 멈춰선 안 된다. 앞에 필자가 제시한 해법 말고 또 다른 독창적 해법을 한 개만 더 도출시켜보라. 이제 당신의 남다른 능력을 보여줄 차례다.

앞서 제시한 문제를 풀고자 노력하는 과정에서 답을 찾았든 그렇지 않든 당신은 이미 창의적인 생각을 하고 있었다. 즉 무언가 새로운 솔루션을 찾기 위해 쉼 없이 두뇌를 가동시키면서 창의적 발상을 경험한 것이다.

그런 당신에게 짝짝짝! 격려의 박수를 보낸다.

Think Critically

1

진정으로 창의적인 인간이라면
상자 밖으로만 나가는 게 아니라,
기존의 규칙성까지 벗어나는 발상을 해야 한다.

2

어떤 문제의 답을 찾고자 노력하는 과정에서
답을 발견했든 그렇지 않든
이미 우리는 창의적인 생각을 하고 있었다.

04

정체불명의 사진

"인류가 원숭이 숲에서 걸어 나와
작금의 문명을 이룬 근본 원인은
'숲 너머에 무엇이 있을까?' 하는 호기심 때문이다."

_다치바나 다카시

호기심은 궁금증 이상의 존재 의미를 지닌다.

문제 둘, 세종대왕과 외계인이 만난다면 ?

알고 있는가? 왼손이 오른손에 비해 부자유스러운 이유를?
평소에 오른손만 쓰고 왼손을 잘 사용하지 않았기에 그렇다.

Originality

그냥 클립이 아니었네!

"'첫 단추를 잘못 끼웠다'와 연관되는 단어 5개 이상을 쓰고 그 이유를 상세히 설명하라."

"2040년에 세종대왕이 외계인과 만나는 상황을 가정하고 대화 내용을 서술하라."

이는 모 명문 사립대학의 수시모집 창의 인재 전형에 출제된 창의 에세이 문제다. 이 전형은 학생들의 성적이 아니라 에세이를 통해 창의력을 가진 우수한 학생을 뽑기 위해 신설된 것으로, 무려 60.6대 1이라는 높은 경쟁률을 보였다. 기존 논술과 사뭇 달라 당황한 수험생이 많았을 것이다. 당신이 수험생이라면 어떤 창의적 답안을 내놓을 것인가?

창의적 사고 여부가 학생 선발의 중요한 잣대로 부각되고 있다는 점은 반가운 일이 아닐 수 없다. 달달 외운 지식이 아닌 창의력과 문제 해결 능력을 파악하려면 정답이 정해져 있지 않은 열린 질문이 필수다.

당신 앞에 클립 하나가 놓여 있다. 클립은 1899년 노르웨이의 요한 발러(Johan Vaaler)가 발명한 것이다. 알다시피 클립의 용도는 탄력을 이용해 여러 장의 종이나 서류 등을 묶음으로 끼워두는 도구다. 우리 생활 속에서 손쉽게 사용할 수 있는 탁월한 발명품이다.

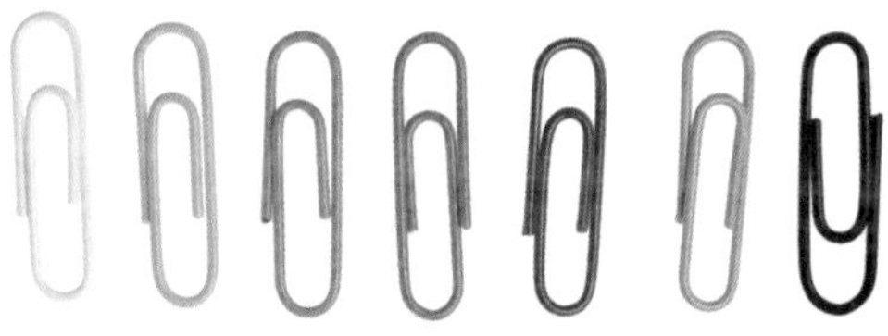

당신이 결재를 받기 위해 관련 서류 10장을 들고 사장실을 찾았다고 하자. 어떻게 해야 사장이 서류 순서를 뒤바꾸거나 빠트리지 않고 모두 체크한 후에 결재를 할 수 있을까?

스테이플러로 찍거나 풀로 붙여 열 장을 한 묶음으로 고정할 수도 있다. 하지만 사장이 그 서류를 한 장씩 따로 떼어 체크할 경우 분리가 쉽지 않을 뿐 아니라 분리하는 과정에서 서류가 찢어진다거나 순서가 뒤바뀔 수 있다. 이런 경우 클립으로 묶어두면 열 장의 서류는 분리와 결합이 언제 어디서든 가능하다. 그런 편리성 때문에 세상에 나온 지 100여 년이 흘렀는데도 인기가 시들지 않고 있다.

이런 클립을 가지고 새로운 도전에 나서자. 클립 본연의 용도 외에 사용 가능한 다양한 용도를 찾아보는 것이다. 단, 바로 아래 목록에 필자가 무작위로 선정한 10개의 단어와 연상시켜 용도를 찾아야 한다. 그런 다음 페이지에 그 용도를 기입해보라.

책, 컴퓨터, 돈, 책상, 시계, 물, 볼펜, 지갑, 자동차, 충전기

당신이 떠올린 용도가 아주 독창적이고 파격적인 거라면 좋겠다.

클립의 용도

책 ________

컴퓨터 ________

돈 ________

책상 ________

시계 ________

물 ________

볼펜 ________

지갑 ________

자동차 ________

충전기 ________

Explosion
용광로에 넣어 자동차를 만들다!

●누구든 손쉽게 떠올릴 수 있는 클립과 10개 단어의 연상 결합 용도는 대체로 이렇다. 바라건대 당신이 제시한 내용이 아래 소개한 것보다 훨씬 더 독특하고 기발한 용도였으면 좋겠다.

- 책: 책갈피, 바람에 책장이 날리지 않게 하는 용도, 책 분류(표지에 이름표 부착)
- 컴퓨터: 키보드 이물질 제거, 모니터 메모지 꽂이, 컴퓨터 선 정리
- 돈: 지폐 클립, 동전 개수 세기, 클립 팔아(녹여 쇳덩이로) 돈 벌기
- 책상: 책상 부품, 손잡이 대용, 기울어진 책상 고정
- 시계: 시계 리셋, 시계 분침과 시침 대용, 시계 청소, 시계 줄(비닐) 구멍 뚫기
- 물: 다른 물질과 섞을 때, 자석에 문질러서 나침반, 온도계
- 볼펜: 굴러 떨어짐 방지, 볼펜 똥 제거, 잉크를 이용해 그림 그리기, 손잡이 긁어 미끄럼 방지
- 지갑: 명함이나 쿠폰 정리, 지갑 사이 청소, 옷과 지갑의 연결 고리
- 자동차: 안테나, 열쇠 대용, 깔판 고정, 나쁜 장난(긁기, 타이어에 박기),
- 충전기: 케이블 정리, 건전지 뺄 때, +극 스프링 대용

클립을 현재와 같은 크기나 무게, 형태에 한정해 용도(솔루션)를 찾으려는 시도보다는 크기가 훨씬 더 크거나(혹은 작거나) 무겁거나(혹은 가볍거나) 색다른 형태를 하고 있다고 생각하라.

일단 수천 아니 수만 개의 클립을 모은다. 만약 세상에 존재한다면 30kg짜리 클립 단 한 개여도 좋다. 그것을 용광로에 집어넣고 녹여 0.7mm 철판을 만든다. 그런 다음 다시 금형 틀 위에 올리고 프레스로 눌러 '자동차' 차체를 찍어낸다. 그런 과정을 거쳐 자동차가 완성되면 그것을 내다 팔아 '돈'을 번다. 그 돈으로 당신이 원하는 무언가를 살 수 있다.

창의적 사고를 위해선 평범하면서도 비범한 것을 추구하고, 일상적이면서도 특수한 노력이 수반돼야 한다. 그러자면 가끔은 삐죽하고 엉뚱하고 황당한 생각도 할 수 있어야 한다.

Think Critically

1

지금 눈앞에 놓여 있는 물건의
진정한 용도는
당신이 잘 모르는 것일 수도 있다.

2

창의적 사고를 위해선 평범하면서도 비범함을 추구하고
일상적이면서도 특수한 노력이 수반돼야 한다.

Coffee Break

"야호~" 그 소리를 누가 먼저 들을까?

간단한 걸 복잡하게 만드는 건 평범함이고,
복잡한 걸 간단하게, 그것도 믿을 수 없을 만큼 간단하게 만드는 게 창의력이다.
–재즈의 거성 찰스 밍거스(Charles Mingers)

남한강 상류에 2층짜리 펜션 한 채가 있다. 단풍철을 맞아 여행 온 두 남자는 각각 펜션 1층과 2층에 묵고 있다. 새벽 5시, 잠에서 깨어난 두 남자는 베란다에 섰다. 차가운 공기가 전신을 휘감는다. 그 앞에는 안개에 젖은 새하얀 강이 뭉게구름처럼 펼쳐져 있다. 이른 시간이어서 그런지 주위는 무척 고요하다. 두 사람은 약속이라도 한 듯 밖을 향해 "야호~" 하고 힘차게 소리를 질렀다. 그럼 여기서 질문!
두 남자 가운데 누가 더 빨리 상대방의 야호 소리를 듣게 될까?

상대보다 조금이라도 소리를 늦게 지른 사람이라고? 시간적 차이가 있다면 그럴 수 있다. 하지만 두 남자는 기가 막히게도 동시에 소리를 질렀다. 주변 경치에 취한 나머지 서로 마음이 통한 것인지도 모른다. 정답은 다음 그림에 나와 있다.

즉 1층에 있는 남자가 먼저 상대의 소리를 듣게 된다. 왜냐하면 1층 남자의 귀와 2층 남자의 입 사이 거리는 2.1m인 반면, 1층 남자의 입과 2층 남자의 귀 사이 거리는 2.2m이기 때문이다. 매우 과학적이지 않은가?

■ 이번엔 2층 남자가 먼저 들었다!

수고했다. 사실 앞의 문제는 어렵지 않다. 이미 다른 책에서도 소개된 바 있다. 그럼 지금부터 오리지널 문제가 나간다.

상대방의 "야호" 소리에 놀란 두 남자는 이번에는 "누구세요?" 하고 큰 소리로 외쳤다. 그런데 공교롭게 이번에도 동시에 소리가 터져 나왔다. 하지만 이번엔 조금 전과 달리 2층에 있는 남자가 먼저 소리를 들었다.

왜 그런 것일까?

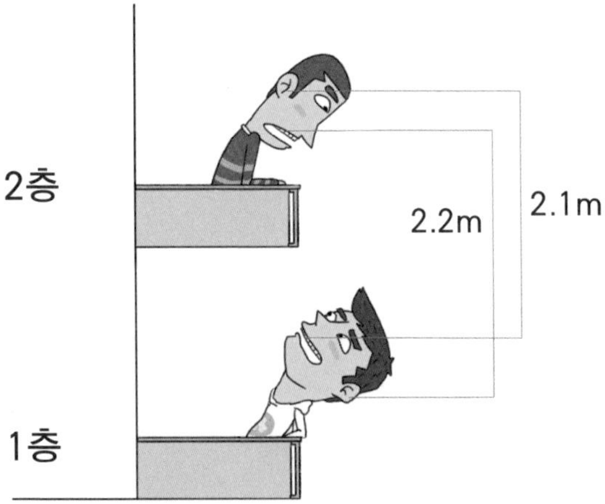

그 까닭을 알려주겠다.

이른 새벽, 누군가의 "야호" 소리에 깜짝 놀란 1층 남자는 고개를 돌려 위층을 올려다보며 "누구세요?" 하고 물었다. 2층 남자 역시 아래에서 들려온 "야호" 소리에 놀라 아래층을 내려다보며 "누구세요?" 하고 물었다.

그 순간 그림처럼 2층 남자의 귀와 1층 남자의 입 사이 거리는 2.1m였고, 2층 남자의 입과 1층 남자의 귀 사이 거리는 2.2m였다. 그러니 응당 2층 남자가 1층 남자의 물음을 먼저 들을 수밖에.

여기서 잠깐!

앞 장에서 소개한 4장의 인쇄 광고를 기억하는가. 여전히 그 광고가 어떤 것인지 추론하지 못한 이들을 위해 답을 제시한다. 모두 '브래지어' 광고다. 자신의 회사가 만든 브래지어를 착용하면 가슴이 커져 광고 속 해프닝이 일어날 수 있음을 다소 과장해 표현한 거다.

05

이 마을에 사망자가 많은 까닭

© Kim Kwang Hee

캐나디안 로키의 수려한 풍광이다.

깨끗한 물도, 푸른 숲도, 맑은 공기도 있다.

하지만 정작 이곳에 사는 사람들이

'결핵'으로 많이 죽는다고 한다.

왜 그런 것일까?

문제 셋, 공동묘지 주변 의문의 사망 사고

!

세계 3대 거짓말.
장사꾼의 남는 게 없다는 말, 노인의 빨리 죽고 싶다는 말, 그리고 '통계'다.

Question 1
소름 돋는 문제!

●필자의 유학 시절 현지 TV에서 접한 무시무시한 얘기다. 일본의 한 통계에 따르면 공동묘지 주변 도로에선 유난히 자동차 사망 사고가 많다고 한다. 정말 소름 끼치는 얘기가 아닌가! 그 원인을 유추해보라. 사실 많은 사람이 이런 생각을 한다.

- 공동묘지에서 빨리 벗어나고 싶은 마음에 과속을 하다가
- 슬픔에 잠긴 유족들의 부주의로
- 헛것(귀신)을 봐서
- 운전자가 으스스한 공포심에 휩싸여 몸이 경직된 탓에
- 안개가 많이 끼는 외진 곳이라서
- 무언가(영혼)가 잡아끌어서
- 죽음에 대해 골똘히 생각하다가

전혀 무관하다고 말할 순 없지만 공동묘지 주변에서 유난히 자동차 사망 사고가 많이 일어나는 이유까지 명쾌하게 설명해주지는 않는다. 여기에서 힌트 하나!

"침대는 세상에서 가장 위험한 곳이다."

그 이유와 공동묘지 주변에서 사망 사고가 많이 일어나는 것은 같은 이치다. 우선 침대가 가장 위험한 이유부터 파헤쳐보자.

- 사람이 가장 나태하고 게을러지는 곳이기에?
- 원치 않는 생명이 탄생할 수 있는 곳이기에?
- 가장 방심하는 곳이 가장 위험한 곳이기에?

하나같이 옳은 말이다. 그러나 그런 이유들이 왜 침대가 가장 위험한

곳인지 속 시원하게 말해주지는 않는다. 필자가 답하겠다. 병원 침대든 집의 침대든 사람의 80% 이상은 침대 위에서 생을 마감한다. 그래서 침대는 세상에서 가장 위험한 곳이다.

"무슨 대답이 그래?"와 같은 탐탁한 반응이 없었으면 한다. 당신이 진정 창의적이라면 앞말의 행간을 읽어야 한다. 그래도 이해되지 않는다면 필자의 부가적 설명에 주목해보라.

정부가 대부분 지분을 가지고 운영하는 도로공사와 달리 민간 사업자가 참여하는 민자(民資)의 경우엔 원가 절감에 훨씬 더 민감할 수밖에 없다. 흙 파다 장사하는 게 아니기에 민자로 도로를 건설했으면 사업자는 응당 돈을 벌어야 한다.

도로를 건설하려면 먼저 도로를 놓을 수 있는 땅이 필요한데, 사업자 입장에선 최대한 저렴한 땅을 지주로부터 매입해야 한다. 그래야만 남는 장사를 할 수 있다. 결국 민자 도로를 완공하고 보니 그 도로는 공동묘지와 공동묘지를 잇는 형태가 되었다. 즉, 기피 시설인 공동묘지 주변 땅이 저렴하기에 사업자는 자연스럽게 그곳을 집중적으로 매입하게 되었고 도로가 그 주변으로 건설된 것이다.

차량은 자연스레 공동묘지 주변을 지나게 된다. 그리고 차량이 많아지면, 그 주변에서 교통사고가 날 확률이 높아진다. 또 무리하게 공동묘지와 공동묘지를 잇는 도로를 만들다 보니 직선보다는 곡선 도로 혹은 경사 도로가 많이 생겨났고, 평지보다는 외진 곳으로 도로가 나 교통사고 확률이 더욱 높아졌다. 교통사고가 자주 발생한다는 건 사망 사고로 이어질 확률도 덩달아 높아진다는 의미다. 이제 이해되는가?

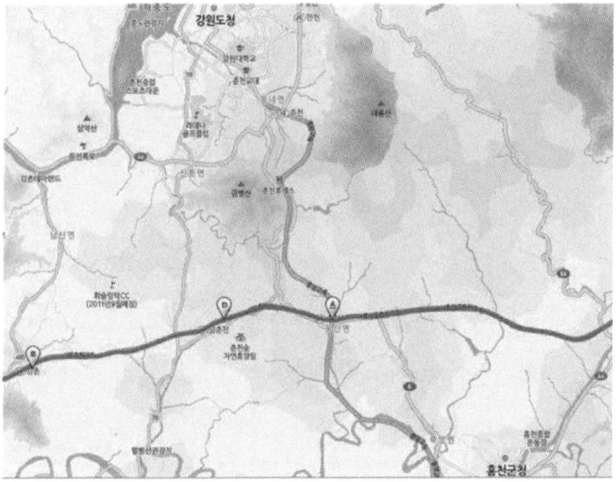

네이버 지도

앞의 지도에 분홍색으로 서울-춘천 간 고속도로(서울양양고속도로의 일부)를 표시했다. 이 고속도로는 인구 28만의 춘천시와 6만 7,000의 홍천군 사이를 지난다. '서울-춘천'이라는 도로 이름과 달리 홍천 쪽으로 훨씬 더 가깝게 도로가 나 있다. 이제 그 이유도 알 수 있을 거다.

Question2

불치병을 완치하는 길은?

● 할머니는 30여 년간 불치병을 앓아왔다. 최근에 신약이 개발돼 마침내 할머니의 병을 치료할 수 있는 길이 열렸다. 너무도 감사한 일이다. 신약은 두 종류인데 하루에 A약과 B약을 각

각 1알씩 사흘을 먹어야 완치가 된다. 그런데 할머니는 실수로 그만 A 약 3알과 B 약 3알을 모두 바닥에 떨어뜨리고 말았다. A 약과 B 약은 색깔, 형태, 맛 등이 동일해 구분이 어렵다. 할머니는 병을 완치하기 위해 꼭 이 신약을 먹어야 한다. 당신은 할머니의 사랑스러운 손자다. 할머니는 당신의 도움을 절실하게 원한다. 당신이 가진 창의력을 최대한 발휘해 할머니의 병을 완치시켜라. 자, 어떻게 하면 될까?

생각이 날 듯 말 듯 하다고? 그리 어려운 문제가 아니다. 필자가 세 가지 정도만 해결책을 제시한다.

- 알약 6개를 모두 가루로 만들어 3분의 1씩 사흘 동안 먹는다.
- 물에 타서 3분의 1씩 사흘 동안 먹는다.
- 알약 6개를 모두 3등분해 사흘 동안 3등분한 것 6개를 먹는다.

이게 전부일까? 당신이 지닌 탁월한 생각을 들려줘라.

Question 3
사내가 헤어나지 못하는 이유는?

경상도 상주 한 절에 득도(得道)해 유명해진 고승(高僧) 한 분이 있었다. 소문을 들은 한 사내가 무턱대고 절을 찾아왔다.

“스님, 스님의 도가 얼마나 뛰어난지 보여주실 수 있는지요?”

그러자 고승은 붓 하나를 꺼내 들곤 이렇게 말했다.

“내가 이 붓으로 당신의 몸 주위에 원을 하나 그리면 당신은 아무리 발버둥을 쳐도 헤어날 수 없을 걸세!”

고승의 외모와 말투는 어딘가 엉성하고 부족해 보였다. 그리하여 사내는 빈정거리듯 되받았다.

“그럼 어디 한번 해보시지요.”

이에 주지가 붓으로 원을 그리자 사내는 정말로 그곳을 헤어나지 못했다. 깨달음을 얻은 사내는 스님에게 큰절을 올리고 자신의 무례함을 사죄한 후 질을 떠났다.

당신도 이 이야기에서 깨달음을 얻었는가? 도무지 무슨 말인지 모르겠다고?

몸통을 따라 붓으로 한 바퀴 빙 둘러 원을 그리면 제아무리 발버둥을 치더라도 거기서 헤어나지 못하는 게 당연지사가 아닌가.

Question 4
만 원이 아니고 9,900원인 까닭은?

● 왜 상품 및 서비스 가격은 만 원이 아니라

100원이 모자란 9,900원인 것일까? 소비자에겐 실제 지갑과 다른 '심리적 지갑'이 있다. 이를테면 10만 원의 상품과 9만 9,000원의 상품 사이엔 1,000원 차이밖에 나지 않지만 금액 단위로는 무려 10,000원이라는 큰 차이를 소비자에게 심어준다.

또한 이런 가격은 특정 상품에 대해 얼마 이상의 금액은 지불하지 않겠다는 '심리 저항선'을 가진 소비자에겐 매우 유용한 가격 설정법이다. 여기에 관해선 필자의 저서 《누워서 읽는 마케팅 원론》에서도 소개한 바 있다. 그런 까닭에 오늘날 기업들은 1,000원이 아닌 990원, 10,000원이 아닌 9,900원 등의 상품 가격을 즐겨 설정한다.

놀라지 마라. 이런 가격 설정은 당초 소비자에게 상품 가격이 저렴하다는 인상을 심어줘 심리 저항선을 무너뜨릴 목적으로 만들어진 게 아니었다. 사실은 점원이 가게 주인 몰래 돈을 따로 챙기지 못하도록 만든 교묘한 시스템(?)이라면 믿겠는가?

Question 5
어디에 사용하는 물건일까?

●사진 속 물건은 뭘까? 이는 오스트리치(Ostrich)라고 불리는 물건이다. 연일 계속된 밤샘으로 심신이 피곤한 당신의 몸 한부분을 편안하게 만들어주는 것이다. 그 부분은 과

연 어디일까?

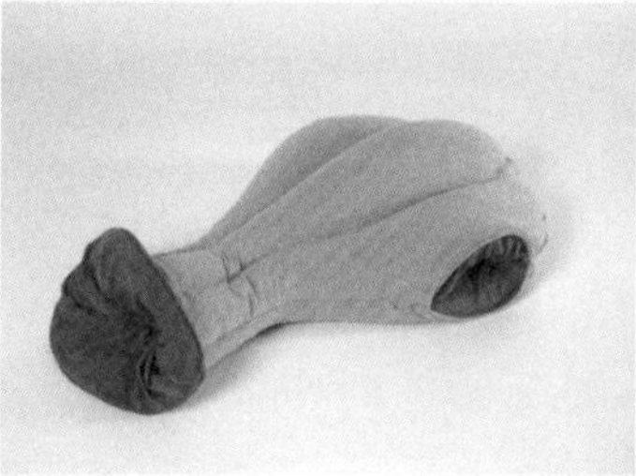

오스트리치의 긴요한 용도는 다음 사진으로 대체한다. 따로 설명이 필요하지 않을 듯하다.

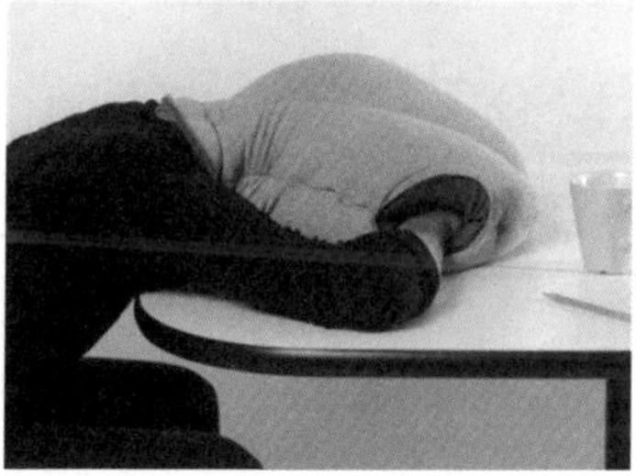

Question6
백만장자가 되는 비결은?

● 한 사업가가 생산지에서 쌀 한 가마니를

15만 원에 구입해 이걸 3분의 1 가격인 5만 원에 되팔았다. 덕분에 그는 백만장자가 되었다. 어떻게 이런 일이 가능할까?

만약 당신이 수직적 사고를 한다면 '3분의 1 가격'이란 점에 주목할 것이고, 수평적 사고를 한다면 '백만장자'의 의미에 주목할 것이다.

사실 이 문제는 간단하다. 원래 남성은 '억만장자'였는데, 쌀장사로 매번 적자(가마니당 10만 원)가 나는 바람에 '백만장자'가 된 것이다.

Question7

G20에 포함되지 않는 국가는?

●다음 그림에 G20 국기와 나라명이 보인다. 이 가운데 G20에 들어가지 않는 나라는 어디일까?

G20에 포함되지 않는 나라(국가)를 찾았는가?

유럽연합(EU)이라고? 멕시코라고? 인도네시아라고?

모두 틀렸다. 앞의 그림에 등장하는 나라는 모두 G20에 포함된 국가다. 모든 물음엔 정답이 있다고 생각할지 모르지만, 세상엔 정답이 없는 문제도 있음을 일깨우고자 던진 질문이다. 더불어 단 하나의 정답 찾기에 매몰되기보다 다양한 정답을 이끌어내도록 힘써야 한다. 실제로 현실 세계엔 하나의 문제에 수많은 해결책(정답)이 존재한다. 학교에서 습득한 네 개의 답 중 하나를 고르는 방법은 버려라. 더 많이, 더 훌륭한 정답을 찾기 위해 당신이 가진 지혜를 쏟아라.

앞서 제시한 것들과 유사한 문제를 해결하려면 우선 수평적 사고를 해야 한다. 수평적 사고에 무게중심을 둘수록 유효한 답은 물론 더 다양하고 훌륭한 창의적 답을 낼 수 있다.

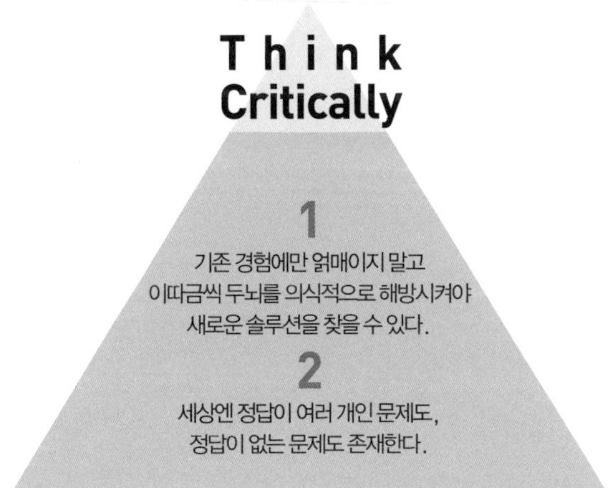

06

꽤나 낯익지만 몰랐던 진실

자본주의의 창시자 스미스,
공산주의의 창시자 마르크스,
정신세계를 주무른 프로이트,
물질세계를 주무른 아인슈타인.

이들을 포함한 33인의
공통점은 과연 무엇일까?

33인, 이들의 경이로운 실체 !

가지고 있지 않은 걸 필요치 않은 사람에게 파는 게 바로 비즈니스다.
유대 격언

Creative People
철학자, 혁명가, 기업가, 예술가, 정치가

● 앞 페이지 사진에 등장한 33인! 대부분은 오래전부터 책이나 신문, TV 등의 각종 매체를 통해 모두 한 번쯤 접해 보았을 인물이다. 본격적으로 이들의 정체를 벗겨보자.

■ "우리가 저녁 식사를 기대할 수 있는 것은 푸줏간 주인, 양조장 주

인 혹은 빵집 주인의 자비심 때문이 아니라 이익을 추구하는 그들의 생각 때문이다. 우리가 꿰어야 할 것은 그들의 인간성이 아니라 자기애다."

사람들이 사리사욕을 근거로 자기 이익에 최선이라고 생각되는 것을 행할 때 사회가 가장 효율적으로 작동한다는 의미다. 애덤 스미스(Adam Smith)는 '보이지 않는 손(Invisible hand)'으로 대표되는 이기심, 즉 개인과 기업의 이익 추구를 보장하는 자유로운 경제활동이야말로 국부의 원천이라고 믿었다. 그는 경제학의 창시자요, 나아가 자본주의의 창시자였다.

- "자본주의는 그 자체 내의 모순 때문에 붕괴된다."
"지금까지 존재했던 모든 사회의 역사는 계급 투쟁의 역사였다."
이는 혁명가, 역사학자, 정치학자, 경제학자, 철학자, 사회학자 등 무수한 수식어가 붙는 인물 카를 마르크스(Karl Marx)가 한 말이다. 그가 꿈꾼 자본주의 모순으로 인한 혁명과 붕괴는 일어나지 않았지만 20세기 사상을 지배한 가장 탁월한 인물이자 공산주의의 창시자였다.

- "우리가 살아가는 데 일어나는 여러 문제와 무능은 우리가 죽지 않으리라는 믿음에서 생긴다."
심리학과 정신의학은 물론 사회학, 사회심리학, 문화인류학, 교육학, 범죄학 등에 엄청난 영향을 미친 지그문트 프로이트(Sigmund

Freud)의 얘기다. 그는 성적 본능인 리비도(Libido)를 인간 행위의 원천적 에너지로 보았다. 리비도가 제대로 작동되지 않고 막힐 때 고착되고 퇴행하며, 억압될 땐 어떤 정신적 질환인 심리적 장애를 겪는다고 했다. 그런 리비도에 의해 움직이는 인간은 본질적으로 공격적이라고 봤다. 그는 명실상부한 '정신분석학' 창시자였다.

■ "당신이 아름다운 아가씨와 데이트하고 있을 때는 1시간이 마치 1분처럼 느껴질 것이다. 하지만 당신이 빨갛게 타고 있는 석탄 위에 앉아 있다면 1분이 마치 1시간 같을 것이다. 그게 바로 상대성이론이다."

20세기 가장 중요한 인물 중 한 사람인 알베르트 아인슈타인(Albert Einstein)은 상대성이론을 우회적으로 그렇게 설명했다. 그의 일반 상대성이론은 현대 물리학에 혁명적이라고 할 정도로 큰 영향을 미쳤다. "성공한 사람이 되려고 애쓰지 말고, 가치 있는 사람이 되려고 애써라"고 말한 그의 지침은 오늘날까지도 유효하다. 아인슈타인은 20세기의 가장 창의적 인물로 손꼽힌다.

■ 토머스 에디슨(Thomas Edison)은 특허 수가 무려 1,093개가 될 정도로 엄청나게 많은 발명을 했다. 특히 전구는 인류에게 빛을 선사한 사상 최고의 발명이다. "실패는 성공의 어머니다"라는 명언으로 끊임없는 도전과 지속성의 중요성을 지금도 일깨우고 있다. 그는 창의력 넘치는 비범한 천재였다.

■ "자본가에게 자기희생을 바라는 건 인간이 신발 끈으로 자기 자신을 들어 올리는 일보다 더 불가능하다."
러시아의 혁명가이자 정치가였으며 인류 역사상 최초로 사회주의 국가를 건설한 블라디미르 레닌(Vladimir Il'ich Lenin)의 말이다.

■ "무릎을 꿇느니 서서 죽는 것을 택하겠다."
아르헨티나 출생의 의대생, 정치가, 사상가, 혁명가인 체 게바라(Che Guevara)의 말이다. 그는 카스트로와 함께 쿠바 혁명을 성공시킨 뒤 2인자 자리를 뿌리치고 남아메리카의 게릴라 지도자로 전장에서 혁명가다운 생을 마감한다. 사르트르는 "체 게바라는 20세기의 가장 완전한 사람이다"라고 말하기도 했다. 그는 이제 쿠바의 별이자 세계의 별이 되었다.

■ 로자 룩셈부르크(Rosa Luxemburg)는 독일의 전설적인 여성 사회주의 혁명가다. 마지막 순간까지, 인간을 위해 살겠다는 의지를 관철했던 강철 여인이었다.

■ "중요한 것은 남이 한 일을 따라서 하는 게 아니라 아무것도 아닌 것을 먼저 생각하고 실천하는 것이다."
아메리카 신대륙을 발견한 모험가 크리스토퍼 콜럼버스(Christopher Columbus)의 말이다. 창의력이란 '콜럼버스의 달걀'과 같다. 아이디어가 만들어지는 것은 간단하지만 그에 이르는 길은 실로 지난(至難)하다.

■ "그에 관한 책들만으로도 도서관 하나를 꽉 채울 수 있을 것이다."
얀코 라브린(Janko Lavrin)이 19세기 러시아 문학을 대표하는 세계적 문호이자 문명 비평가, 사상가였던 레프 톨스토이(Lev Nikolaevich Tolstoi)를 두고 한 말이다. 톨스토이는 자신의 글을 통해 내면의 창의력을 마음껏 표출했다.

■ 로스차일드(Rothschild) 가문은 독일 프랑크푸르트를 기반으로 250여 년 동안 유럽 금융계를 쥐락펴락한 명실공히 세계 최고의 재벌 가문이다. 이 가문의 재산은 50조 달러로 추정되지만 재산을 계산하는 것 자체가 불가능하다. 각종 정보를 재빨리 취합해 남보다 앞서 결정을 내리는 금융 기술의 원조가 바로 이 가문이다.

■ "돈 버는 길은 거리에 피가 흘러넘칠 때 사들이는 것이다."
미국 역사상 가장 탐욕스런 인물로, 때로는 가장 훌륭한 기업인으로 평가를 받은 스탠더드오일의 창업자 존 록펠러(John Davison Rockefeller)의 말이다. 록펠러는 말년에 록펠러 재단과 시카고 대학교, 록펠러 의학연구소(록펠러 대학교), 록펠러 센터 등을 설립하여 자선 사업에 힘을 쏟았다.

■ "노병은 결코 죽지 않는다. 다만 사라질 뿐이다."

한국전쟁 당시 UN군 최고사령관으로 부임해 인천상륙작전을 성공적으로 지휘한 더글러스 맥아더(Douglas MacArthur)의 멋진 말이다.

▪ "위기 상황에서는 때론 가장 대담한 방법이 가장 안전하다."
미국의 전 국무장관으로 1970년대에 세계 외교무대를 좌지우지한 헨리 키신저(Henry Kissinger)의 말이다. 세계 평화를 위해 노력한 공로로 노벨평화상을 수상하기도 했다.

▪ "미래에는 운동선수 외에 몸을 쓰는 직업은 유망하지 않을 것이다. 현재 보이는 직업의 면면만을 보지 말고 머리를 쓰는 직업을 생각해 상상력, 창의력을 키워라."
저명한 미래학자이자 세계적인 베스트셀러 작가 앨빈 토플러(Alvin Toffler)의 말이다. 그는 손발로 대변되는 단순한 노동력보다는 머리, 즉 생각하는 힘이 훨씬 더 중요하다고 설파했다.

▪ "인간에게 중요한 것은 자신감을 갖는 것이다. 고아원에서 먹을 것을 찾아 헤매던 시절에도 늘 나 자신은 세계 최고의 배우라고 생각했다."
일찍이 무성과 유성 영화를 통틀어 찰리 채플린(Charles Chaplin)만큼 인기를 끈 배우는 없었다. 희극(코미디)과 창의력 사이에는 유사점이 많다. 희극의 클라이맥스는 정상적 사고의 흐름에서 삐

져나온 반전에 있다.

- 엘비스 프레슬리(Elvis Presley)는 팝 뮤직 역사상 가장 큰 인기를 얻었고 절대적인 신봉자들을 무수히 거느렸던 록큰롤의 제왕이다. 오늘날에도 그의 노래와 인기는 시들 줄 모른다.

- 엘리자베스 테일러(Elizabeth Taylor)는 할리우드를 풍미했던 여배우다. '세기의 미녀'라 불린 그녀는 마지막까지 영화계의 큰 별이었다.

- 스티븐 스필버그(Steven Spielberg)는 〈죠스〉를 시작으로 〈이티〉, 〈레이더스〉, 〈인디아나 존스〉, 〈쥬라기 공원〉 등 잇단 흥행작을 만든 미국 영화계의 대표적인 흥행 감독이다.

- 표현주의를 대표하는 프랑스의 화가 마르크 샤갈(Marc Chagall)은 파블로 피카소와 더불어 20세기 최고의 화가로 불린다. 예술가는 또 다른 영역의 창조자다.

- 레너드 번스타인(Leonard Bernstein)은 미국의 지휘자이자 작곡가, 피아니스트였다. 미국 역사상 가장 뛰어난 재능을 가진 성공한 음악가 가운데 한 명으로 불린다.

▪ "미래를 예측하는 최선의 방법은 미래를 창조하는 것이다."
현대 경영의 대부(代父)로 불리는 경영 사상가 피터 드러커(Peter Drucker)의 설파다. 기업의 진정한 목표는 고객 창조라고 한 그는 학자라고 하기엔 대단한 사상가였고, 사상가라고 하기엔 지나치게 실제적이었으며, 실제적이라고 하기엔 무척이나 학자적이었다는 평가를 받는다.

▪ "분산투자란 자신의 무지함으로 인해 손해를 보지 않으려고 하는 행동일 뿐이다. 자신이 무엇을 하고 있는지 아는 사람들은 그럴 필요가 없다."
'버는 것 이상으로 쓰는 것도 중요하다'는 걸 보여준 투자의 귀재 워런 버핏(Warren Buffett)의 말이다.

▪ 앨런 그린스펀(Alan Greenspan)은 1987년부터 2006년까지 미 연방준비제도이사회(FRB) 의장을 역임해 미국의 '경제 대통령'으로 불렸다.

▪ 조지 소로스(George Soros)는 '월스트리트의 검은 황제'와 '연금술사'라는 별명을 가진 20세기 최고의 펀드 매니저였다.

▪ "편집광만이 살아남는다."
세계적인 기업 인텔(Intel)의 창업자 앤디 그로브(Andy Grove)의 말이다. 격변기에 살아남으려면 미친 사람이라고 착각할 정도로 몰입해야 창의력에 도달할 수 있음을 일깨운다.

- 델(Dell) 컴퓨터의 창업자 마이클 델(Michael Dell)은 세계 최초로 직접 판매 모델(Direct Model) 방식을 도입했다. 그는 인터넷의 잠재력을 남보다 먼저 읽어낸 통찰력의 대가다.

- "스타벅스는 단지 커피를 파는 곳이 아니라 문화적 체험을 파는 곳이다."
  스타벅스의 창업자 하워드 슐츠(Howard Schultz)의 말이다. 그런 창의적 사고 덕분에 스타벅스는 지구인들의 가장 친근한 친구가 되었다.

- "Don't Be Evil!(악해지지 말자!)"
  검색 엔진 구글(Google)은 전 세계에서 가장 영향력을 가진 기업이다. 구글의 끝없는 혁신 배후엔 동갑내기 공동 창업자인 세르게이 브린(Sergey Brin)과 래리 페이지(Larry Page)가 있었다.

- 마크 주커버그(Mark Zuckerberg)는 소셜 네트워크 웹 사이트 페이스북(Facebook)의 창업자다. 웹 기반의 소셜 네트워크 서비스는 '소통'에 기반을 둔 창의적 장을 열었다.

- "현재 아무리 어려워도 낙심하지 마라. 곧 지나갈 것이다. 모든 것은 순간에 지나지 않는다."
  다윗 왕의 아들이자 이스라엘 왕국의 제3대 왕인 솔로몬(Solomon)의 말이다. '솔로몬의 지혜'라는 말에서도 알 수 있듯 그는 지혜가 뛰어난 덕분에 지금도 지혜의 대명사로 불리고 있다.

- 마지막으로 거론할 인물은 전 세계 인구의 3분의 1 이상이 믿는 종교인 그리스도교의 창시자 예수 그리스도(Jesus Christ)이다. 부가적 언급이 필요치 않은 위대한 성자다.

33인에 대한 간략한 이력과 소개다. 이들에게서 '창의력'이라는 단어를 제한다면 그것은 영혼이 사라진 채 걸어 다니는 단백질 덩어리에 지나지 않는다.

Great Leader

세상을 쥐락펴락한 4명!

●앞서 언급한 33인은 남다른 업적을 자랑하는 창의적이고 비범한 인물들이다. 한마디로 동서고금을 넘나드는 혜안으로 인류에게 지대한 영향을 미쳤거나 여전히 미치고 있는 철학자, 과학자, 혁명가, 예술가, 정치가, 기업가, 문화인이다.

33인이 가진 유일한 공통점이 있다. 그것은 과연 뭘까?

그 전에 유명한 질문이 하나 있다.

"이 세상 어디를 가든 이 네 사람의 영향을 벗어나지 못한다. 이 네 사람이란 누굴 가리키는 것일까?"

이에 대한 답은 이른바 자본주의를 창시한 애덤 스미스와 공산주의를 창시한 마르크스, 20세기 정신세계를 휘어잡은 프로이트, 물질세계를 휘어잡은 아인슈타인이다. 그들의 위대함과 지혜로움을 에둘러 표현한 질문이다. 현재 대한민국에도 '33인'에 버금가는 인재들이 넘쳐난다. 그런데 어찌 된 영문인지 그들은 제대로 빛을 발하지 못하고 있다. 이는 우리 교육 시스템에서 비롯되는 문제일지 모른다.

창의력은 기존의 꽉 짜인 교육 과정을 잘 따르는 모범생들보다 괴짜나 삐딱이, 말썽꾸러기들에게서 더 많이 발현된다. 그럼에도 여전히 우리 학교나 사회는 이들의 생각과 행동을 수용하지 못하고 있다.

일찍이 아인슈타인은 "교육이란 타인으로부터 독립해 생각할 수 있는 인간을 만들기 위한 훈련이다. 그리고 그 힘을 사회가 직면한 문제 해결에 요긴하게 활용해야 한다"고 말했다. 하지만 그의 주장과 이 땅 젊은이들의 세태를 나란히 놓고 보라. 한숨만 나온다.

요즘 젊은이들은 학점 관리와 자격증, 외국어 공부 등과 같은 이른바 스펙 쌓기를 하느라 책 한 권 제대로 읽을 마음의 여유가 없다. 중고생들은 내신 성적에 얽매여 두뇌가 압박·혹사당하고 있다. 이들은 자신의 잠재력과 창의력의 싹을 제대로 틔우지도 못한 채 퇴색되어가고 있다. 인공지능이 본격화되면 개인 간 암기(지력) 경쟁은 무의미해질 텐데 참으로 걱정이다.

앞의 33인도 대한민국에서 태어났다면 그 절반은 잘해야 주유소나 편의점 알바로 연명하거나 음식 배달통을 오토바이 뒤에 싣고 오늘도 동네 골목을 누비고 있을지 모른다.

Think Critically

1

인공지능이 본격화되면 개인 간 지력 경쟁은 무의미해진다.

2

편집광만이 살아남는다. (앤디 그로브)

3

창의력이란 '콜럼버스의 달걀'과 같아 아이디어가 만들어지는 건 간단하지만 그에 이르는 길은 험난하다.

07

두 갈래 길에서 망설이다

© Kim Kwang Hee

"숲 속에 두 갈래 길이 있었노라고,
나는 사람이 덜 다닌 길을 택했노라고.
이것이 내 인생을 이렇게 바꿔놓았다."

_프로스트

눈 속의 하얀 두 갈래 길!
우측은 올라가는 길, 좌측은 내려가는 길이다.

당신은 어떤 길을 택하겠는가?

지구상에서 슈퍼 파워를 행사하다!

몸의 모든 부분은 마음에 의존하고, 마음은 돈지갑에 의존한다.
돈은 사람을 축복해주는 것이다. 부는 요새고, 빈곤은 폐허다.
탈무드

Jewish
○○○에 들어갈 단어는?

■ 노벨상의 3분 1을, 노벨 경제학상의 3분의 2를 ○○○이 수상했다. 그래서 ○○○에겐 노벨상은 단순히 한 개인의 업적에 대한 시상이 아니라 국가의 투자와 외교력이 총동원되는 상징적 결과라는 주장이 무색해진다.

- 명문대 진학률에서도 ○○○은 타의 추종을 불허한다. 아이비리그 학생의 30%, 재직 교수의 55%가 ○○○이다.
- 《포춘》 선정 100대 기업의 40%를 ○○○이 소유하고 있다.
- 미국 뉴욕과 워싱턴의 유명 로펌 변호사 중 40%가 ○○○이라는 통계가 있다.
- JP모건체이스와 메릴린치(BOA에 인수), 골드만삭스 등 미국 월가를 움직이는(움직였던) 대형 투자은행 및 증권회사 설립자는 대부분 ○○○이다.
- 파라마운트, 워너, 폭스, MGM, 컬럼비아, 유니버설 등 미국 메이저 영화 회사는 모두 ○○○이 설립했다. (유일하게 ○○○이 세우지 않은 영화사는 월트 디즈니 정도다.)
- AP와 로이터, AFP, 〈뉴욕타임스〉, 〈월스트리트저널〉, NBC, ABC, CBS 등 거대 언론과 방송사는 ○○○이 설립했거나 운영하고 있다. 세계 최고의 뉴스 전문 채널 CNN의 창업자도 ○○○이다.

앞의 ○○○에 들어갈 적합한 단어라면 뭘까? 짐작대로 '유대인'이다. 유대인이 설립했거나 지배하는 기업과 단체, 기구 등은 워낙 많아 언급하기가 식상할 정도다. 그런 유대인은 전 세계 인구의 0.2%에 불과하다. 인구수에 비해 걸출한 인물이 지나칠 정도로 많다.

이는 미국에 한정된 주장이 아니다. 구소련의 유대인 인구는 0.2%에 불과했으나 의사의 30%, 엔지니어의 20%를 차지했다. 이스라엘의 한 싱크 탱크에 따르면, 2015년 전 세계 유대인 인구는 1,650만

명으로 나타났다. 이스라엘에 610만 명, 미국에 570만 명, 프랑스에 47.5만 명이 거주하고 있다. 나머지 유대인들은 전 세계 여러 곳에 흩어져 살고 있다.

놀라지 마라. 앞서 언급한 33인은 모두 '유대인'이라는 공통점을 가지고 있다. 33인 말고도 인류사에 큰 족적을 남긴 유대인이 많다. 위에 제시한 사람은 극히 일부일 뿐 유명 유대인의 실제 수는 헤아릴 수 없을 정도다.

철학자로는 스피노자와 촘스키, 작곡가로는 멘델스존과 쇼팽, 화가로는 피사로, 모딜리아니, 혁명가로는 트로츠키, 문학가로는 하이네, 카프카, 해운왕 오나시스, 현대 경제학의 아버지 새뮤얼슨, 경제학자 크루그먼, 퓰리처상을 만든 퓰리처, 캘빈 클라인의 창업자 캘빈 클라인, 20세기 후반의 가장 영향력 있는 물리학자 파인만….

예술계는 더 화려하다. 폴 뉴먼, 해리슨 포드, 밥 딜런, 더스틴 호프먼, 사이먼 앤 가펑클, 앤젤리나 졸리, 니콜 키드먼, 래리 킹 등이 모두 유대인이다. '미디어 황제' 혹은 '지구촌의 정통부 장관'로 일컬어지는 루퍼트 머독 역시 유대인이다. 그는 〈뉴욕포스트〉와 폭스 방송 등을 비롯해 전 세계에 걸쳐 사업을 운영하는 뉴스코퍼레이션의 대표다.

또한 '아시아에서 가장 영향력 있는 외국인'으로 꼽히기도 했던 《정의란 무엇인가》의 저자 마이클 샌델도 유대인이다. 그는 27세에 최연소로 하버드대 교수가 되었다.

유대인이 없었다면 오늘날의 문명사회는 존재하지 않았을지도 모른다. 그들은 과학, 정치, 경제, 경영, 문학, 예술, 사상, 철학 등 각 분야에서

시대를 뛰어넘어 전 세계에 커다란 공헌을 했거나 현재도 공헌이 되는 중이다. 이유는 알 수 없으나 유대인이 유일하게 서툰 분야 하나를 꼽는다면 그것은 바로 '스포츠'다.

유대인 파워는 미국 정·재계는 물론 현직 대통령까지도 움직인다.

"이스라엘과 새로운 팔레스타인 국가의 국경선은 1967년 3차 중동 전쟁 이전의 경계에 근거해야 한다."

지난 2011년 5월, 당시 미국 대통령 버락 오바마는 워싱턴 국무부 청사에서 진행한 중동 정책 연설에서 이렇게 밝혔다. 팔레스타인 자치 지역인 요르단강 서안 지구에서의 이스라엘 정착촌 건설을 기본적으로 부정하면서 팔레스타인 독립국가 건설 협상의 토대를 제시한 것이다.

전 세계인들의 눈에 오바마의 새 중동 정책 구상 발표는 중동 정책

근간의 변화를 예고하는 획기적인 제안으로 비쳤다. 참고로 1967년 이전의 국경선이란 1967년 6월 제3차 중동전쟁 당시 이스라엘이 주변국으로부터 영토를 빼앗기 전의 국경선을 말한다. 하지만 오바마의 획기적인 제안은 불과 3일 만에 유대인의 강력한 반발 앞에 무릎을 꿇고 말았다.

"내 제안은 이스라엘과 팔레스타인이 스스로 1967년 6월에 존재했던 것과 다른 국경을 설정하기 위해 협상을 해야 한다는 의미다."

뻔한 해명을 했던 오바마는 결국 한 발 물러설 수밖에 없었다. 유대인의 파워가 새삼 증명되는 순간이었다. 이처럼 오바마의 획기적인 제안을 단 사흘 만에 번복시킬 수 있는 것이 바로 유대인들의 보이지 않는 슈퍼 파워다.

미국 대통령 트럼프는 세계 3대 종교인 기독교, 유대교, 이슬람교 모두의 성지인 '예루살렘'을 이스라엘 수도로 공인한다고 일방적으로 발표해 이스라엘과 팔레스타인 간 분쟁에 기름을 부었다. 트럼프를 그림자처럼 수행하며 각종 정책을 좌지우지한다는 딸 이방카. 그녀는 결혼 전 남편 쿠슈너를 따라 유대교로 개종했다. 트럼프의 첫 부인이자 이방카의 친모인이바나도 유대인이다. 유대인들이 미국에서 이처럼 큰 영향력을 행사할 수 있는 것은 정치와 금융계, 법조계, 학계, 언론계 등 미국 사회 각 분야에 거미줄처럼 퍼져 광범위한 네트워크를 형성하고 있기 때문이다. 겉으로 드러나는 숫자 이상으로 그 영향력은 훨씬 강력하다.

오바마 최측근의 면면을 살펴보면 미국은 유대인이 움직인다고 해도 과언이 아니다. 국무장관 힐러리 클린턴을 시작으로 법무장관 에릭 홀더, 재무장관 티모시 가이트너 등이 행정부의 대표적 유대인이다.

Think Logically

유대인 교육의 3대 핵심!

● 왜 유대인 중에 대부호가 많은 걸까?

왜 유대인 중에 뛰어난 예술가가 많은 걸까?

왜 유대인 중에 노벨상 수상자가 많은 걸까?

그런 유대인의 탁월함은 어디서 나오는 걸까?

어떻게 유대인은 지구상의 수많은 권력과 조직을 뒤흔들며 인류사에 남을 큰 공헌까지 하게 된 걸까?

태어날 때부터 여타 민족보다 두뇌가 우수하기 때문일까? (유대인과 타 민족의 지능을 비교한 연구 결과에서는 지능상의 차이점은 존재하지 않았다.)

많은 학자가 그 해답을 유대인의 자녀 교육에서 찾고 있다. 유대인 가정에서의 일차적 선생님은 부모다. 유대인 어머니의 베갯머리 교육과 유대인 아버지의 밥상머리 교육이 바로 그것이다. 특히 어머니를 중심으로 한 억척스러운 교육을 빼놓을 수 없다. 맹자의 어머니가 아들의 교육을 위해 세 번이나 이사를 해 치맛바람의 원조로 일컬어지지만 실제 치맛바람의 원조라면 단연코 유대인의 어머니가 아닐까? 오죽하면 영어에 'Jewish Mom(유대인 엄마)'이라는 말이 존재하겠는가. 그 의미는 자녀들에게 노상 공부하라고 잔소리를 하며 자기희생을 서슴지 않는 극성스러운 교육 엄마를 가리킨다. 대한민국 교육 1번지 강남 엄마가 서러워할 정도다.

"신은 모든 곳에 있을 수 없기에 어머니를 만들었다."

이 유대 격언은 유대인 세계에서 어머니의 역할과 위상이 얼마나 대단한지를 말해준다. 유대인 교육의 근간은 '다양한 사고를 수용할 수 있는 능력'이다. 그런 교육의 3대 핵심은 다음과 같다.

- 행동 방침이 두 가지 있다면 항상 세 번째 방침을 따르라.
- 남보다 '뛰어나게'가 아니라 남과 '다르게' 하라.
- 물고기를 주기보다 물고기를 낚는 방법을 가르쳐라.

교육의 3대 핵심 중 '물고기를 주기보다 물고기를 낚는 방법을 가르

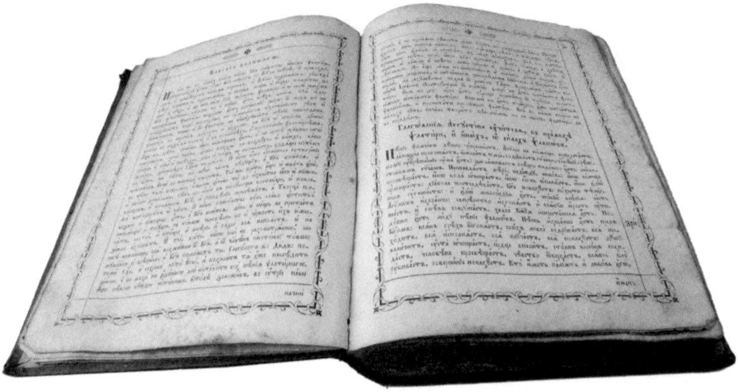

쳐라'는 너무도 유명한 얘기이기에 덧붙이지 않겠다. 여기선 첫째와 둘째 가르침에 대해서만 언급하고자 한다.

첫째, 행동 방침이 두 가지 있다면, 항상 세 번째 방침을 따르라.

'유대인은 두 명인데 의견은 셋'이라 회자되는 까다로운 유대인을 가리키는 걸까? 아무튼 미치고 환장할 노릇이다. 대안은 분명 두 가지뿐인데 어찌 세 번째 방침을 따르란 말인가. 하지만 흥분할 필요는 없다. 냉정해지자. 우리가 그렇게 반발하는 건 흑백논리나 이분법에 익숙해져 있었던 탓이다.

상반되는 의견을 모두 수용하거나 모두 배제한 채 한 차원 높은 제3의 의견도 도출할 수 있어야 옳지 않을까?

니콜라 푸생, 〈솔로몬의 재판〉, 1649

솔로몬 왕의 지혜를 통해 이 문제를 바라보자.

두 여인이 한 아이를 데리고 솔로몬 왕을 찾아왔다. 두 여인은 서로 그 아이가 자신의 아이라며 하소연한다. 두 여인의 자초지종을 들은 솔로몬 왕은 도무지 어떤 여인이 아이의 어머니인지 알 수 없었다. 이에 잠시 고민을 하던 솔로몬 왕이 마침내 입을 뗐다.

"너희들의 주장만 가지고선 아이의 어미가 누구인지 알 수가 없구나. 그러니 이 아이를 둘로 나눠 공평하게 가지도록 하라."

이에 한 여인이 말문을 열었다.

"그렇게라도 해주십시오."

솔로몬 왕의 명령을 받은 병사가 칼을 꺼내 들었다. 그러고는 아이를 칼로 내려치려 했다. 그 순간, 또 다른 여인이 당장이라도 실성할 듯 울부짖는다.

"실은 이 아이는 제 아이가 아닙니다. 제가 죽을죄를 지었습니다."
이 장면을 지켜보던 솔로몬 왕이 말했다.
"네가 바로 이 아이의 어미로구나."

솔로몬 왕의 판결이야말로 앞서 언급한 세 번째 방침에 해당한다. 두 여인 중 어느 쪽을 지명한 게 아니라 제3의 선택을 통해 간단히 아이의 엄마를 가려냈기 때문이다. 친엄마라면 자식에 대한 소유권보다 자식의 목숨을 우선할 것이라는 점을 솔로몬 왕은 잘 꿰고 있었던 거다.

천둥과 번개를 동반한 소나기가 쏟아지는 초저녁 무렵, 당신은 친구를 만나기 위해 급히 자동차를 몰고 시내로 향한다. 도중 한 버스 정류장을 지나게 되었다. 그곳엔 세 사람이 차를 기다리고 있었다.
한 사람은 당신이 오랫동안 짝사랑해오던 여성이었고, 또 한 사람은 며칠 전 응급실에 실려갔을 때 헌신적인 조치로 당신의 생명을 구해주었던 의사였다. 그리고 나머지 한 사람은 금방이라도 쓰러질 것만 같은 응급 환자였다.
그들은 버스나 택시를 잡기 위해 무척이나 애를 쓰고 있었다. 유감스럽게도 당신 자동차엔 딱 한 사람만 태울 공간밖에 없다.

만약 당신이 이런 상황에 처했다면 세 사람 중 누구를 차에 태울 건가? 짝사랑하는 여성인가? 생명의 은인인 의사인가? 아니면 생명이 위급한 환자인가? 이는 몇 년 전 인터넷에서 잔잔한 감동을 불러일으켰던 내용을 조금 각색한 것이다. 이 질문은 어느 외국 기업의 면접시험에 출제된 것이라고 한다. 과연 어떤 대답을 해야 면접을 당당히 통과할 수 있을까? 면접시험에 합격한 사람의 대답은 이랬다.

"제가 몰던 자동차에서 내려 의사에게 자동차 열쇠를 넘겨주고 응급 환자와 함께 곧장 병원으로 갈 수 있도록 배려하겠습니다. 그리고 저는 남몰래 가슴앓이하던 여성과 빗속 정류장에서 버스를 기다리겠습니다."

이런 운전자의 선택이야말로 '두 가지 행동 방침 가운데 세 번째 방침을 따른 결과'라고 할 수 있다. 한편으론 탁월한 수평적 사고의 결과이기도 하다. 그런 선택을 통해 생명의 은인 의사에겐 자그마한 보답을 할 수 있었고, 응급 환자에겐 목숨을 건질 수 있도록 도와준 셈이다. 물론 정류장에서 여성과 함께 버스를 기다리며 자신이 그토록 열망하던 사랑을 쟁취하는 건 덤이다.

둘째, 남보다 '뛰어나게'가 아니라 남과 '다르게' 하라.

신라 시대에 화백제도(和白制度)라는 게 있었다. 이 제도는 나라의 중대사를 의논하던 귀족 회의로, 의결 방법은 '만장일치제'였다. 참가자 전원이 만장일치가 될 때까지 논의를 거듭하며 국사를 결정하는 훌륭한 제도였다. 물론 문제가 없었던 건 아니다. 빠른 의사결정이 필요한 격변기엔 그 제도가 오히려 국사의 발목을 잡았으며 귀족의 이익에 반하는 건 그 어떤 개혁도 불가능했다.

고대 유대인의 재판 기구에는 '산헤드린(Sanhderin)'이라는 게 있었다. 산헤드린 공회에선 화백제도와 달리 판관들이 '만장일치'로 결정한 안건에 관해선 다음 날로 결정을 미루거나 무효 처리했다고 한다. 반드시 한두 명이라도 "그건 틀립니다"고 해야 유효한 판결이 내려질 수 있었다.

단 한 사람의 이견(異見)도 없이 모두가 같은 생각을 하고 있다는 건 자칫 모두가 그릇된 판단을 하고 있을 수도 있고, (눈치를 보거나 두려워) 아무도 바른말을 하고 있지 않을 수도 있어서다.

Think Critically

1

행동 방침이 두 가지 있다면
항상 세 번째 방침을 따르라.

2

남보다 '뛰어나게'가 아니라 남과 '다르게' 하라.

3

솔로몬 왕에게 묻고 싶다.
과연 영화관 의자 팔걸이는 어느 쪽이 내 것일까?

08

한가운데 작은 집의 비밀

© Kim Kwang Hee

사진 속의 작은 집!

영화 〈사운드 오브 뮤직〉의 무대 미라벨 정원보다
음악 천재 모차르트의 생가(生家)보다
호헨잘츠부르크성 아래의
잔디밭 한가운데에 위치한 집 하나가
훨씬 더 많은 상상을 하게 만든다.

유대인, 상상을 초월하는 창의력의 이면에는 ?

"재봉사와 교수는 무슨 관계일까?"
"아버지와 아들의 관계입니다."
유대 부모들의 꿈은 자녀들이 자신들보다 더 성공하는 것이다.
오래된 유대인들의 농담을 통해 그들의 교육열을 엿볼 수 있다.

Talmud 불멸의 정신적 지주!

유대인 하면 《탈무드》, 비범한 두뇌, 금융업, 탁월한 금전 감각, 나치의 유대인 대학살, 예수를 팔아넘긴 민족, 이스라엘, 자녀 교육, 가족의 끈끈한 정, 후츠파, 하브루타 등의 키워드가 떠오른다.

후츠파는 '대담함, 철면피, 건방진, 심장에 털 난' 등을 뜻하는 히브리어다. 과거 이 말은 부정적 의미였으나 현재는 긍정적 의미로 사용되고 있다. 유대인은 직위나 소속이 어디든 구애받지 않고 자신만의 강한 주장을 내세우는 걸 최고의 가치로 친다.

또 유대인의 오랜 학습법인 하브루타. 그 의미는 부모나 선생님, 친구와 짝을 지어 서로 질문하고 대화하고 토론하고 논쟁하는 걸 말한다. 참고로 하브루타는 히브리어로 '친구, 벗'이라는 뜻이다.

이런 후츠파 정신과 하브루타 교육은 유대인이 창의력을 계발해 나가는 데 정신적 뒷받침이 되고 있다.

전 세계를 호령하고 있는 유대인! 과연 이들은 어떤 발상과 행동을 추앙하는 민족인지 자세히 살펴보자. 그 지름길은 이들의 발상 기준이 되는 격언을 들춰보는 것이다.

랍비 마빈 토케이어(Marvin Tokayer)의 저서에서 눈에 띄는 것들을 소개한다.

- 성공의 절반은 인내다.
- 저지른 것에 대한 후회보다 저지르지 못한 것에 대한 후회가 더욱 더 크다.
- 지식을 많이 가진 사람은 늙지만 돈을 많이 가진 사람은 다시 젊어진다.
- 울지 않는 인간은 인생을 즐기지 못한다.
- 아침이 오지 않는 밤은 없다.
- 당신의 혀에 "나는 모른다"라는 말을 열심히 가르쳐라.

- 돈으로 모든 것을 살 수 있다. 그러나 단 한 가지 살 수 없는 것이 있다. 그것은 바로 상식이다.
- 평판은 최고의 소개장이고, 표정은 최악의 밀고자다.
- 급하게 대답하면 급하게 실수를 저지른다.
- 입 때문에 망한 사람은 있어도 귀 때문에 망한 사람은 없다.
- 당신 의지의 주인이 되고, 당신 양심의 노예가 되어라.
- 쥐 때문이라고 하기보다는 구멍 때문이라고 하라.
- 처음 만난 사람에게 경의를 표하라. 하지만 그만큼 의심도 하라.
- 행운을 맞이하기 위해서는 지혜가 필요하지 않으나 그 행운을 살리기 위해서는 지혜가 필요하다.
- 고기는 물이 없으면 죽지만 사람은 예의가 없으면 죽는다.
- 사람은 자기 마을에서는 평판을 통해 판단되고 다른 마을에서는 의복을 통해 판단된다.
- 친구를 사귈 때는 한 계단 올라서서 찾아라.

유대인의 구전 율법을 모아놓은 《탈무드》는 히브리어로 '깊이 배움(연구)'이라는 의미를 가지고 있다. 이는 기원전 500년부터 기원후 500년까지 입에서 입으로 전해 오는 독창적인 지혜를 2,000여 명의 학자가 10년 동안 정리하여 만든 책이다. 분량만 해도 만 쪽이 훌쩍 넘는다.

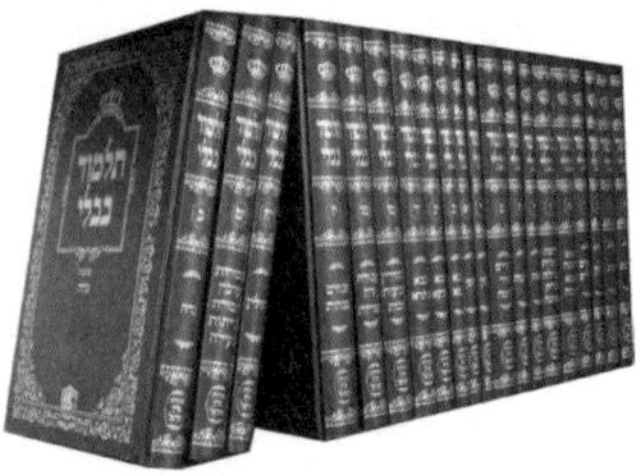

《탈무드》의 가장 큰 특징은 끝마무

리가 없다는 것이다. 마지막 페이지는 언제나 공백으로 남아 있다. 이는 《탈무드》가 만들어진 이후 지금까지 새로운 지혜가 끊임없이 추가되고 있음을 암시한다.

기원후 70년, 유대인은 나라를 잃었다. 유대인은 그 이래 1948년 이스라엘이 건국될 때까지 약 2,000년 동안 나라를 잃고 떠돌며 갖은 박해와 추방의 고통, 암담한 세월을 보냈다. 어찌 보면 한반도에 사는 우리보다 박복(薄福)한 민족이다.

그럼에도 그들은 무릎 꿇지 않았다. '성공의 절반은 인내'이고 '아침이 오지 않는 밤은 없다'는 가르침을 잘 받들어왔다. 그런 발상의 유대인에겐 《탈무드》라는 불멸의 정신적 지주가 있었다.

Love Books
독서가 유대인을 만들었다!

유대인은 전 세계에서 가장 창의적인 민족으로 불린다. 이는 유대인들의 업적을 통해 증명된 사실이다. 그렇다면 그들이 지닌 창의력의 원천은 어디일까? 굳이 멀리 보지 않더라도 유대인들의 책에 대한 태도에서 확인할 수 있다.

유대 가정에서는 아이들이 철이 들 무렵,《성서》를 펼친 후 거기에 꿀을 떨어뜨린다. 그러고는 아이들이 입을 맞추도록 한다. 이는 책이 달다는 사실을 가르치기 위한 의식이다.

유대인의 책 사랑은 여기에서 끝나지 않는다. 고대 유대에선 책이 낡아서 책장이 떨어지고 글자가 희미해져 더 이상 볼 수 없게 되면 사람들이 모여 성자를 매장하듯 정성을 다해 구덩이를 파고는 책을 묻었다고 한다. 중국 진시황제의 분서갱유(焚書坑儒)와 같은 일은 유대인의 세계에선 결코 일어나지 않았다. 가령 그게 유대인을 비난하는 책일지라도 말이다.

또한 유대인 가정의 화장실엔 반드시 작은 책장이 붙어 있다. 장소에 관계없이 늘 책을 읽고 무언가를 생각하도록 배려하기 위해서다. 그들의 정신세계를 잘 엿볼 수 있는 대목이다.

이뿐만 아니다. 유대인들의 묘지엔 책이 놓여 있다. 이는 생명이 다하

더라도 공부는 끝나지 않는다는 걸 의미한다. 인간은 영원히 배우지 않으면 안 된다는 게 유대인의 기본 사고방식이다.

유대인은 고대부터 '책의 민족'으로 알려져 있다. '가장 현명한 사람은 배우고자 하는 사람이다'라는 유대 격언처럼 책은 이들에게 마르지 않는 배움의 샘이자 실천의 지침서였다. 그래선지 유난히 이들의 격언 가운데에는 책과 관련된 내용이 많다. 몇 가지 소개한다.

- 책이 없는 집은 영혼이 없는 집과 같다.
- 만일 가난한 나머지 물건을 팔아야 한다면 우선 금, 보석, 집, 땅을 팔아라. 마지막까지 팔아서는 안 되는 게 책이다.
- 책과 의복이 동시에 더러워지면 책부터 먼저 닦아라.

- 여행을 하는 중에 지금까지 읽어보지 못한 좋은 책을 보게 되면 반드시 그 책을 사 가지고 고향에 돌아가라.
- 책은 적(敵)이 빌려달라고 해도 빌려주어야 한다. 그렇지 않으면 당신은 지식의 적이 된다.

실제로 1736년 라트비아의 유대인 거리에선 책을 빌려달라고 했는데 빌려주지 않는 사람에겐 벌금을 물게 하는 조례가 정해졌다고 한다. 또한 유대인 가정에선 '책을 침대 발치에 두지 말고, 머리맡에 두라'는 말이 전해지고 있다. 이유는 충분히 유추할 수 있다. 침대 머리맡에 책이 놓여 있으면 쉽게 펼쳐 볼 수 있지만 발아래에 놓여 있으면 그럴 가능성이 적기 때문이다. 게다가 머리에 이고 다니는 책이 아닌 발로 밟고 다니는 책이라면 그 가치야 빤하지 않겠는가!

유대인은 나라를 잃고 2,000년 동안 전 세계를 떠돌며 갖은 박해와 학살, 추방, 홀로코스트 속에서도 굴하지 않고 살아남아 현재는 세상을 쥐락펴락하고 있다. 대체 이들의 생존을 가능하게 만든 비밀은 뭘까? 유대인은 그 어떤 국가나 지배자도 빼앗아갈 수 없는 걸 소유하고 있었다.

과학자, 교수, 의사, 변호사, 작가, 교사, 예술가 등 이들 직업이 가진 공통점은 뭘까? 그건 바로 손으로 부가가치를 창출하는 게 아니라 하나같이 모두 '두뇌'로 부가가치를 창출하는 직업이라는 것이다. 이들 머릿속에 든 무궁무진한 지식은 세상의 그 어떤 절대 권력도 빼앗아 갈 수 없는 값진 자산이다. 적어도 목숨을 잃지 않는 한. 이런 지식의 출발점은 책이고 그 책을 통한 교육이었다.

철학자 데카르트(Descartes)는 이렇게 역설한 바 있다.

"좋은 책을 읽는 것은 지난 몇 세기에 걸쳐 가장 훌륭한 사람들과 대화하는 것과 같다."

그만큼 책은 지식의 보고(寶庫)이고, 그 지식은 다양한 해석과 조합을 가능하도록 해 창의력으로 가는 최단 지름길을 제공한다. 유대인들이 가진 창의력이 이를 생생하게 증명하고 있다.

Think Critically

1

저지른 것에 대한 후회보다
저지르지 못한 것에 대한 후회가 더 크다.

2

쥐 때문이라고 하기보다는 구멍 때문이라고 하라.

3

머릿속에 든 무궁무진한 지식은 세상의 그 어떤 절대 권력도
빼앗아 갈 수 없는 값진 자산이다.

Coffee Break

당대 최고의 검객과 맞서는 법

길이 없으면 길을 찾고, 찾아도 없으면 길을 닦으면서 나가면 된다.
–고(故) 정주영 현대그룹 회장

에도시대 말엽에 '신파치'라는 사무라이가 있었다. 신파치는 당대 최고의 검객으로, 그의 칼 앞에 쓰러진 사무라이는 이루 헤아릴 수 없을 정도였다. 하지만 그에게도 치명적인 약점이 하나 있었다. 사실 그는 앞을 보지 못하는 장님이었다. 이 때문에 그는 청각과 후각, 촉각만을 통해 상대의 옷자락 소리, 발자국 소리, 칼바람 소리를 듣고 단칼에 승부를 결정짓는 검법을 구사했다.

어느 날 자신의 칼에 쓰러진 한 사무라이의 아들이 아비의 복수를 갚겠다며 도전장을 내밀었다. 소년의 나이는 이제 겨우 15세였다. 소년의 검력(劍歷)이래야 3개월 남짓으로 신파치에 비할 바가 못됐다. 누가 봐도 황당하고 무모한 도전이었다. 당시 사무라이는 도전을 받으면 받아들이는 것이 관례였다. 거부하면 사무라이로서 치욕적인 패배를 인정하는 것이었다.

하지만 그보다 더 신파치를 괴롭힌 게 하나 있었다. 아비에 이어 그 어린 아들까지 베어야 하는 상황이 무척이나 가슴 아팠다. 설령 어린 소년을 벤다 하더라도 그가 얻을 수 있는 건 아무것도 없다. 되레 세상의 조롱거리가 될 뿐이었다. 그래서 소년의 집에 몰래 사람을 보내 도전을 거두도록 종용했다. 하지만 소년의 강한 의지를 꺾진 못했다.

신파치는 사무라이답게 도전을 받아들이느냐, 어디론가 홀연히 도망치듯 떠나느냐, 아

영화 〈자토이치(Zatoichi)〉의 한 장면

니면 자결을 하느냐의 갈림길에서 한동안 고심했다. 그러다 사무라이 세계 본연의 냉혹함을 깨닫고는 소년의 도전을 받아들이기로 했다. 마침내 해가 뉘엿뉘엿 저물어 가는 들판 한가운데에 두 검객이 마주 섰다.

여기서 질문이다. 당신은 15세 소년이다. 당대 최고의 검객 신파치와 맞서 이길 수 있는 방법은 뭘까?

"총으로 쏘겠습니다."

에도시대 말엽이니(19세기 중엽) 당연히 총이 존재할 것이고 따라서 어딘가에서 총을 구해 와 쏘면 된다는 생각을 하는 사람도 있다.

"지인들을 동원하여 북과 꽹과리로 장님 신파치의 귀를 마비

시킨 후 칼을 뽑아 내리치겠습니다."

분명 이런 생각을 하는 사람도 있다. 하지만 이는 매우 비열한 행위다.

"옷자락 소리가 나지 않게 발가벗고 싸우겠습니다."
"곳곳에 미리 함정을 만들어놓겠습니다."
"장님이라 신경이 예민할 것입니다. 심리적 공격을 퍼부어 마음을 뒤흔든 다음에 싸우겠습니다."

모두 안 된다. 사무라이 세계에선 승리 이상으로 싸움법도 매우 중요시한다. 무엇보다 정정당당하게 싸워야 한다. 비겁하게 일대일 싸움에 남을 끌어들이거나 꼼수를 써서는 안 된다.

"칼을 빼 잽싸게 신파치의 심장을 향해 던지겠습니다."

칼집에서 칼을 빼는 순간 당신은 이미 이승 사람이 아닐 수도 있다. 칼 빼는 소리를 들은 신파치가 한발 앞서 당신의 목을 벨 게 분명하다.

"긴 칼로 '선빵(선공)'을 날리겠습니다. 선빵으로 이길 확률은 70% 이상이거든요."

하지만 어떤 방법을 사용한다 해도 신파치보다 재빠르지 못하다. 그렇다면 대체 어떻게 싸워야 할까?

마주 선 소년과 신파치 사이에 생사를 건 초절정 긴장감이 흐른다. 두 사람의 자세에서 흐트러짐이라곤 찾아볼 수 없었다. 그러는 동안에도 예외 없이 시간이 흘렀다. 십 분, 이십 분, 삼십 분, 한 시간, 두 시간, 세 시간… 이윽고 이튿날 아침이 되었고 해가 떠오르는가 싶더니 중천(中天), 이내 해는 서산 너머로 사라졌다. 그렇게 시간이 흘러 마침내 사흘째 아침 해가 동쪽에서 고개를 내미는 순간이었다.

풀썩!

그때 누군가 쓰러지는 소리가 들렸다. 대체 누가 쓰러진 걸까? 다름 아닌 신파치였다. 그는 앞이 보이지 않기에 모든 신경을 머리에 곤두세우고 있었다. 그로 인해 머리에 과부하가 걸려 스스로 쓰러진 것이다. 요즘 말로 뇌출혈이다. 소년의 창의적 발상이 당대 최고의 검객을 물리쳤다. 이 문제의 정답은 '그냥 가만히 서 있는 것'이었다.

PART 3

창의력으로 가는 **다양한** 생각

상상력(Imagination)이란 실제로 경험하지 않은 현상이나
눈에 보이지 않는 사물을 마음속으로 그려보는 강력한 정신 능력이다.
고정관념이란 특정 현상(사물)에 대해 개인이나 어떤 집단 구성원들이 가지는 신념이다.
특히 사회 학습을 통한 결과물이라는 점에서 더없이 소름 돋는 존재다.
상상력은 창의력이 가장 가까이해야 할 친구이지만
고정관념은 창의력이 가장 멀리해야 할 적이다.
Part3에선 상상력과 고정관념, 발상 전환에 얽힌 흥미로운 사례들을 통해
창의력의 의미를 곱씹어보는 유쾌한 시간을 마련했다.

01
어느 '초딩'의 꿈

© Kim Kwang Hee

"나는 과학자가 될 거예요."
"나는 세계적인 패션 디자이너."
꿈을 날짜와 함께 기록하면 목표가 되고
목표를 잘게 나누면 계획이 된다.

계획을 차곡차곡
실천에 옮기면
꿈은 현실이 된다.

상상은 현재와 미래를 비추는 거울!

사람은 누구나 양쪽 주머니에 돌을 하나씩 넣고 다녀야 한다. 돌 하나엔 '나는 티끌과 재에 불과하다'라고 새기고, 다른 돌엔 '세상은 나를 위해 창조되었다'라고 새겨놓아라. 그리고 필요할 때마다 그 돌 가운데 하나를 꺼내 사용하라.

어느 유대인 랍비의 충고

Imagination

코흘리개 '초딩'의 글

내 꿈은 일류 프로야구 선수가 되는 것입니다. 중·고등학교 시절에는 전국 대회에 나가 활약할 것입니다. 이를 위해서는 연습이 필요합니다. 나는 세 살 때부터 연습을 해왔습니다. 세 살 때부터 일곱 살 때까지는 반년 정도 해왔으나 초등학교 3학년 때부터 지금까지는 365일 가운데 360일은 맹연습을 하고 있습니다. 따라서 일주일에 친구들과 노는 시간은 5~6시

간이 전부입니다. 이런 맹연습을 하고 있기에 반드시 프로야구 선수가 될 수 있을 것이라 생각합니다.
저는 중·고등학교에서 활약하고 고등학교를 졸업한 이후에는 프로팀에 입단할 예정입니다. '주니치 드래곤즈' 혹은 '세이부 라이온즈' 구단에 입단하는 것이 꿈입니다. 드래프트 입단 계약금은 1억 원 이상이 목표입니다.
저는 제가 최고의 투수이자 타자라고 생각합니다. 작년 여름 전국 대회에 나가 많은 투수를 봤으나 오히려 제가 대회 참가 선수 가운데 최고의 투수임을 확신할 수 있었습니다.
타격에서는 현(縣) 대회 네 시합에서 홈런 세 개를 날렸습니다. 통산 타율은 5할 8푼 3리였습니다. 나 스스로도 만족한 성적이었습니다. 일 년 동안 내가 속해 있는 팀은 이기는 야구만을 거듭해왔습니다. 이런 상태가 유지될 수 있도록 열심히 할 것입니다.
내가 일류 선수가 되어 시합에 나갈 수 있게 되면 신세를 진 사람들을 시합에 초대하여 저를 응원해달라고 할 생각입니다. 그것은 제가 가진 꿈 중의 하나입니다. 아무튼 저의 첫 번째 꿈은 프로야구 선수가 되는 것입니다.

미국 메이저리그 역사를 새로 쓴 천재 타자 '스즈키 이치로(鈴木一朗)'가 초등학교 졸업 문집에 쓴 글이다. 어린 나이임에도 불구하고 꿈을 실현키 위해 수반돼야 할 노력과 그 방법론까지 구체적으로 언급하고 있다. 꿈을 실현하는 과정이 매우 체계적이고 역산(逆算)하는 형태로 짜여 있다는 점도 특이하다. 또 풍부한 상상력을 동원해 먼 미래를 마치 현실처럼 풀어냈다. '상상력은 인간의 능력 가운데 신에게 가장 가

까운 능력'이란 말이 절로 떠오른다.

"세상을 바꾸는 데 마법은 필요하지 않습니다. 우리 자신은 이미 이보다 나은 '상상력'이라는 힘을 가지고 있습니다."

이는《해리 포터》를 쓴 세계 최고의 판타지 작가 조앤 롤링이 평하는 '상상력'의 위대한 힘이다.

인간은 결코 자신의 상상력 이상으로 성장할 수 없다. 상상력의 크기가 바로 결실의 크기이기 때문이다. 그렇다면 상상력의 표적은 당연히 태양이어야 한다. 비록 태양에 이르지 못하더라도 그 주위의 달이나 별에는 도달할 수 있을 테니 말이다.

Reality
'상상'이라 쓰고 '현실'이라 읽는다!

● 코흘리개 이치로가 머릿속에 그린 상상은 자신의 바람대로 완벽한 현실이 되었다. 나아가 그는 상상을 훨씬 뛰어넘는 세계적인 야구 선수로 성장했다. 오릭스 블루웨이브(현 오릭스 버펄로스)에서 선수 생활을 하던 시절, 이치로는 풀타임 첫해였던 1994년에 경이적인 기록을 세웠다. 일본 프로야구 역사상 최초의 200안타 돌파와 퍼시픽리그 최고인 타율 3할 8푼 5리가 바로 그것이다.

그해에 이치로는 69경기 연속 출루 신기록까지 작성하면서 일본 야구 관계자들을 경악하게 만들었고, 시즌 후 타자로서 역대 최연소(21세) MVP 수상이라는 영예를 안았다. 이치로는 지난 1994년부터 2000년까지 7년 연속 리그 타율 1위 기록을 이어갔다. 3년 연속 MVP(1994~1996년)와 7년 연속 골든글러브 수상은 앞으로도 깨지기 힘든 전무후무한 기록이다.

2000년 시즌이 끝난 후 이치로가 미국 진출을 선언했을 때 많은 야구 관계자가 그의 성공을 반신반의했다. 이치로처럼 특화된 타격 폼은 빅리그의 빠른 공과 날아오다 뚝 떨어지는 변화구에 고전을 면치 못할 것이라는 비관적인 평가 때문이었다.

하지만 앞다리를 자신의 뒤쪽으로 이동했던 동작을 없애버린 이치로는 미국 진출 첫해에 타율 1위(3할 5푼), 도루 1위(56개), 최다 안타 1위

(242개)를 기록하며 신인왕은 물론 아메리칸리그 MVP까지 수상했다. 그리고 2004년 5월엔 미일(美日) 통산 2,000안타를 달성했고, 그해 8월엔 메이저리그(MLB) 사상 최초로 입단 후 4년 연속 200안타 기록을 달성했으며, 10월에는 262안타를 기록하면서 84년 동안 깨지지 않았던 한 시즌 최다 안타 신기록(조지 시슬러의 단일 시즌 최다 안타 기록인 257안타)을 달성했다. 또한 2008년 7월엔 2,175시합에서 34세 9개월에 미일 통산 3,000안타를 달성했다.

이치로의 기록은 여기에서 멈추지 않았다. 2009년엔 타율 2위(3할 5푼 2리)로 발군의 안정감을 보이며 9년 연속 200안타, 골든 글러브 수상, 올스타전 출전이라는 대기록을 수립했다. 2010년엔 미일 통산 3,500안타, 2016년엔 MLB 통산 3,000안타, 500도루라는 대기록도 달성했다. 현재도 그는 MLB에서 맹활약 중이다.

여기서 잠시 짚어보자. 이치로의 인간 승리는 어디에서 온 것일까? 천부적인 재능일까? 아니면 끊임없는 연습의 결실일까? 단언컨대 그건 바로 어린 시절부터 가지고 있던 남다른 꿈과 풍부한 상상력의 결과였다. 그것도 마치 손에 잡힐 듯 아주 구체적으로 상상을 한 것이 큰 도움이 되었다. 결국 남보다 훨씬 더 적극적으로 상상하고 이를 구현하기 위한 부단한 노력이 오늘의 이치로를 만들어냈다.

상상력이란 사전적 의미로 과거의 경험을 통해 확보한 심상(心象)을 새로운 형태로 재생하는 능력이다. 즉 눈앞에 없는 사물의 이미지를 그리는 정신 능력이다. 신기하게도 상상하면 현실이 된다. 상상력은 사람

상상은
현재와 미래를 비추는 거울!
남다른 꿈과 풍부한 상상력이
오늘과 다른 내일을 만든다.

의 근원적 능력의 하나이기 때문이다. 우리는 입을 모아 말하곤 한다. 상상은 현실과 미래를 비추는 거울이라고.

우리는 할 수 있다고 상상하는 것만 할 수 있다.
우리는 될 수 있다고 상상하는 것만 될 수 있다.
우리는 볼 수 있다고 상상하는 것만 볼 수 있다.
우리는 가질 수 있다고 상상하는 것만 가질 수 있다.
우리는 들을 수 있다고 상상하는 것만 들을 수 있다.
우리는 느낄 수 있다고 상상하는 것만 느낄 수 있다.

우리는 깨칠 수 있다고 상상하는 것만 깨칠 수 있다.

우리가 무엇을 하거나,
우리가 무엇이 되거나,
우리가 무엇을 보거나,
우리가 무엇을 갖거나,
우리가 무엇을 듣거나,
우리가 무엇을 느끼거나,
우리가 무엇을 깨치거나 하는 것은 모두 당신의 상상에 달려 있다.
이런 모든 것은 상상력만이 가질 수 있는 위대한 가치다.

그렇다면 상상력과 창의력은 어떤 관계일까? 창의력은 새롭고 독창적이며 비일상적인 아이디어를 이끌어 내는 능력이다. 그런 창의력은 상상력을 통해 무수한 영감을 얻을 수 있다. 상상력은 창의력의 원동력인 셈이다. 창의력과 상상력은 세상에 둘도 없는 친구 사이다.

머릿속에 넘쳐나는 상상력을 현실과 결부시켜 더 크고 생생한 상상력으로 키워간다면 당신은 반드시 최고의 창의적 결실을 손에 쥘 수 있다. 통 크고 리얼하게 상상하라.

Think Critically

1

상상은 현실과 미래를 비추는 거울이다.
눈앞에 펼쳐지듯 자세하게 이미지를 그려라.

2

넘쳐나는 '상상력'에 부단한 '노력'과 '실천'이 수반된다면
그 결실은 최고의 '창의적' 소산이 될 수 있다.

3

인간의 능력 가운데 신과 가장 가까운 능력은 상상력이다.

02

관점을 달리하면 벅찬 감동이 된다

페테르 루벤스, 〈시몬과 페로〉, 1630

이 그림은 과연
무엇을 표현한 것일까?

늙은 노인과 이성을 잃은 젊은 여성!
부도덕하고 왜곡된 두 남녀의 만남을 표현한 것일까?
아니다. 이 그림은 거장 페테르 루벤스의 작품으로,
아사(餓死) 직전의 죄수 아비에게
딸이 젖을 물리고 있는 장면을 표현한 것이다.

고정관념, 홀랑 벗어야 넘어갈 수 있다

천재와 창의력은 매우 밀접하다.
천재는 창조할 수 있는 힘을 가지고 있기 때문이다.
독일의 대문호 괴테(Goethe)

Realization
관념은 위에서 아래로, 현실은 아래서 위로

"세상엔 아주 단단한 세 가지가 있다. 그것은 바로 강철과 다이아몬드 그리고 당신의 인식이다."

미국 건국의 아버지 벤자민 프랭클린(Benjamin Franklin)의 말이다. 당신이 지닌 인식, 즉 '고정관념'을 바꾸기란 여간 어려운 게 아님을 암시한다. 게다가 고정관념은 '원래 그런 것을 굳이 바꿀 필요가 있나?' 하는 단념 혹은 방관적 사고 때문에 그대로 유지되는 경우가 많다. 기성세대들의 많은 경험과 편중된 지식은 무수한 고정관념을 쏟아냈다.

고(故)신영복 성공회대 석좌교수는 통일혁명당 사건으로 1968년에 무기징역을 선고받고 20년 2개월 동안 감옥살이를 했다. 그가 쓴 글의 울림은 여느 것과 사뭇 다르다. 인간의 다듬어지지 않은 내면을 여지없이 뒤흔들어놓는다. 고정관념에 취한 우리 내면을 둔기로 확 깨우는 듯한 느낌이다. 그의 에세이《나무야 나무야》에 이런 대목이 등장한다.

나와 징역살이를 한 노인 목수 한 분이 있었습니다. 언젠가 그 노인이 내게 무얼 설명하면서 땅바닥에 집을 그렸습니다. 그 그림에서 내가 받은 충격을 잊을 수 없습니다. 집을 그리는 순서가 판이하였기 때문입니다. 지붕부터 그리는 우리들의 순서와는 거꾸로였습니다. 그는 먼저 주춧돌을 그린 다음 기둥, 도리, 들보, 서까래, 지붕의 순서로 집을 그렸습니다. 그가 집을 그리는 순서는 집을 짓는 순서였습니다. 일하는 사람의 그림이었습니다. 세상에서 지붕부터 지을 수 있는 집은 없습니다. 그럼에도 불구하고 지붕부터 그려온 나의 무심함이 부끄러웠습니다.

당신은 어떤가? 이 노인처럼 집을 그릴 때 기둥부터 먼저 그리는가? 만약 주변에 그런 사람이 있다면 오히려 이상한 사람으로 취급받는다. 두바이에 위치한 세계 최고의 건물 부르즈 할리파나 이집트의 피라미

드, 중국의 만리장성, 우리나라의 123층 롯데타워 나아가 당신이 살고 있는 아파트 역시 분명 위에서 아래로 지어지지 않았을 텐데 말이다.

분명 현실과 다른 행동을 취하고 있음에도 기존의 뿌리 깊은 관념은 이를 당연한 것처럼 받아들인다.

그 때문에 머릿속에선 위에서 아래로, 현실에선 아래에서 위로 반응하는지도 모른다.

Stereotype
고정관념이 고정관념인 까닭!

고정관념을 깬다는 건 결코 쉬운 일이 아니다. 실제로 그게 얼마나 지난한 작업인지를 몇 가지 흥미로운 얘기를 통해 짚어보자.

큰 덩치의 어른과 자그마한 체구의 아이가 무거운 등짐을 지고 오일장이 열리는 읍내를 향해 나란히 걷고 있었다. 이웃 마을 중간을 막 지날 무렵이었다. 마침 느티나무 밑에서 쉬고 있던 노인 한 분이 등짐을 진 아이가 기특해 어른에게 물었다.
"옆에 있는 아이가 당신 아들이오?"
"네, 제 아들입니다."
잠시 뒤 마을을 지나 고갯마루를 막 돌아서려는 순간이었다. 그곳에서 산나물을 캐던 한 아주머니가 둘의 모습이 너무 정겨워 보였던지 아이에게 물었다.
"저분이 너의 아버님이시니?"
"아닙니다."

귀신이 곡할 노릇이 따로 없다. 조금 전 이웃 마을에서 보았던 노인의 물음에 어른은 분명 옆의 아이가 자신의 아들이라고 답했다. 그런

데 아이는 자신과 나란히 걷고 있는 어른이 자기 아버지가 아니란다. 어떻게 된 것일까? 두 사람 중 누군가가 거짓말이라도 하고 있다는 말인가? 그렇다면 이 글을 접하고 있는 당신은 누가, 왜 거짓말을 한다고 생각하는가?

사실은 두 사람 모두 거짓말을 하지 않았다. 윗글을 대하는 당신의 고정관념이 문제일 따름이다.

오늘 철수는 아버지와 함께 놀이공원에 가기로 했다. 일요일 아침이라 평소보다 도로가 한산해 아버지는 차를 조금 빨리 몰았다. 불행은 예고 없이 찾아오는 법! 두 사람이 탄 차가 시내를 막 벗어나 외곽의 한 사거리를 통과할 무렵, 왼쪽 차선에서 갑자기 끼어든 덤프트럭과 측면 충돌하면서 그만 길옆 벼랑으로 추락하고 말았다.

뒤따라오던 택시가 이를 목격하고 119에 연락해 철수와 아버지는 인근 병원으로 긴급 후송되었다. 두 사람이 병원에 도착했을 때 아버지는 이미 숨을 거둔 상태였다. 천만다행히도 철수는 큰 부상을 입었으나 아직 숨은 붙어 있었다.

서둘러 수술을 하지 않으면 철수의 생명은 위급했다. 곧바로 철수는 수술실로 옮겨졌고, 잠시 후 의사들이 수술실로 황급히 달려왔다. 의사 가운데 한 사람이 철수의 몸 상태를 살피는가 싶더니 갑자기 비명을 지르며 문을 박차고 나갔다.

"아니, 이럴 수가! 난 이 수술 못 해요. 이 환자는 내 아들이에요!"

이건 또 무슨 소리란 말인가? 과연 이런 시나리오가 현실에서 가능하긴 할까? 대부분의 사람은 그럴 수 없다고 말한다. 철수 아버지는 차가 벼랑으로 추락하면서 이미 사망했기 때문이다. 사망한 아버지가 환생을 했거나 철수의 아버지가 친부와 양부로 둘인 경우는 가능하다.

사실 수술실에서 놀라 고함을 지른 사람은 철수의 '어머니'였다. 많은 사람이 수술실에서 "내 아들이에요!" 하고 비명을 지른 의사를 환자의 아버지라고만 생각하지 어머니라고는 좀체 생각하지 못한다. 세상엔 여자 의사도 많을뿐더러 수술이 결코 남자 의사의 전유물은 아니다. 그런 평범한 진리를 잠시 망각한 것이다. 그동안 우리 사회가 키운 고정관념 때문이다.

앞서 제시한 큰 덩치의 어른과 자그마한 체구의 아이를 둘러싼 의문도 마찬가지다. 큰 덩치의 어른은 아이의 아버지가 아니라 '어머니'였다. 덩치가 크다는 것과 무거운 등짐 그리고 읍내 장에 간다는 말에 다들 아버지만을 떠올린 결과다. 또 다른 이야기 하나를 소개한다.

긴급 신고를 받은 경찰이 곧장 체육관으로 달려갔다. 그곳에는 우락부락한 일곱 명의 격투기 선수가 있었다. 이들 옆에는 한 사람이 칼에 가슴을 찔린 듯 선혈을 뿜어내고 있었다. 그는 경찰에게 한마디를 남기고 숨을 거두었다.

"저놈이 범인입니다."

이에 경찰은 곧장 격투기 선수 중 한 명의 손에 수갑을 채웠다. 경찰은 어떻게 범인을 알았을까?

UFC와 같은 격렬한 격투기 선수라고 하면 다들 건장한 체구의 남자를 떠올리기 십상이다. 실은 체육관에 있던 일곱 명 가운데 여섯 명은 여자 격투기 선수였다.

지금 당장 오래전부터 당신의 머릿속을 규정하거나 도식화해온 모든 걸 과감히 부숴버려라! 철칙이나 과학, 일반 상식, 선입견 등으로 인해 본래 자유인이기를 원한 당신의 사고가 굴레 속에 얽매여 있어선 곤란하다.

http://www.neatorama.com/2011/06/04/colors-out-of-space

다음 그림을 보라. 납량 특집에서나 등장할 것 같은 무시무시한, 아니 비교적 귀여운 얼굴의 여자 귀신 캐릭터다. 그녀의 날카로운 손톱이 아닌 동그란 두 눈에 주목하라. 오른쪽 눈동자는 그녀가 꽂은 머리핀 색처럼 '청록색'이고, 왼쪽 눈동자는 '회색'이다. 필자의 이런 판단이 과연 옳은 것일까?

사실 양쪽 눈동자 색은 같은 '회색'이다. 색 하나 제대로 판별하지 못하냐고? 그렇게 타박하지 마라. 오히려 두 눈동자가 같은 색으로 보이지 않는다면 그것은 당신의 착시(錯視)가 원인이다. 정 믿지 못하겠다면 눈동자 부분만 책을 오려내 대조해보기 바란다.

필자는 고정관념을 '생각의 착시'라고 부른다. 착시

의 사전적 정의는 어떤 사물의 모양이나 크기, 색채 등을 시각상의 착오 때문에 실제와 다르게 지각하는 걸 가리킨다. 마찬가지로 두뇌에 주관적이거나 편중되거나 왜곡된 지식이 쌓이고 굳어져 다른 생각은 하지 못하도록 만드는 게 고정관념이다. 말 그대로 두뇌 속에 단단히 고정돼 있으면서 언젠가부터 주춧돌 행세를 한다. 따라서 고정관념이 형성되기 시작하면 또 다른 세계에 대한 문을 굳게 닫아버린 채 기존의 편협하고 굴절된 시각으로만 사물을 바라보게 된다.

과거의 지식과 경험이 만든 필터를 통해 세상을 바라보면, 과거가 당신의 현재와 미래를 지배하고 결정하도록 허락하는 것과 다를 바 없다. 바로 과거의 노예로 둔갑하는 거다. 그게 싫다면 고정관념이라는 묵은 먼지를 툴툴 털고 일어서라!

Think Critically

1

세상엔 아주 단단한 것이 세 가지 있다.
그건 바로 강철, 다이아몬드 그리고
당신의 인식이다.

2

과거의 지식과 경험이 만든 필터를 통해
세상을 바라보고 판단하지 마라.

3

평범한 진리를 잠시 망각하는 순간 고정관념으로 빠져든다.

03

조화와 공존 그리고 창조

하늘에 무지개를 바라보면
내 마음 뛰노나니,
나 어려서 그러하였고
어른 된 지금도 그러하거늘
나 늙어서도 그러할지어다.
_윌리엄 워즈워드의 시 〈무지개〉 중에서

뱀장어가 반 1등을 하게 된 사연!

"역시 내 계산이 맞아! 강물 평균 깊이는 정확히 105cm이고,
우리 가족 평균 키는 145cm이니 천만다행이다!
자, 얘들아. 강물을 건너자!"
잠시 후에 무슨 일이 벌어졌을까?

School
동물 학교에서 벌어진 기막힌 이야기!

흥미로운 이야기를 하나 들려줄까 한다. 이야기의 흥미도 흥미거니와 전해주는 메시지는 우리 교육계의 현실을 헤집는 듯해 여간 속이 불편한 게 아니다.

아주 오래전, 동물들은 외부 세계로부터 불어닥친 난제에 대응하고

자 학교를 만들기로 결정했습니다. 학교를 세운 후 동물들은 달리기와 오르기, 수영, 날기 등으로 구성된 커리큘럼을 채택했습니다. 커리큘럼을 더욱 쉽게 관리하기 위해 모든 동물은 동일한 과목을 수강했습니다.

오리는 수영에선 그의 코치보다 뛰어났습니다. 그러나 날기에서는 겨우 통과 점수를 받았고 달리기는 매우 부진했습니다. 따라서 오리는 부진을 만회하기 위해 달리기만 죽어라 연습했고, 수영 수업은 출석하지 못했습니다. 그렇게 달리기 연습에만 열중하다 보니 어느 순간부터 오리의 물갈퀴 상태는 엉망이 됐고, 결국 수영에서조차 평균 점수밖에 받을 수 없게 되었습니다. 그러나 학교에서는 평균 성적을 받으면 되므로 오리 자신 외에는 그 누구도 걱정하지 않았습니다.

토끼는 달리기라면 타의 추종을 불허할 만큼 발군의 실력을 발휘했습니다. 그러나 수영 연습에 많은 시간을 할애하다 보니 그만 신경쇠약에 걸려버렸습니다.

다람쥐는 오르기엔 굉장히 뛰어났지만 그의 선생님은 오르기가 아닌 땅에서 위로 날아오르는 걸 요구했습니다. 그로 인해 다람쥐는 좌절감에 빠져버렸습니다. 다람쥐 역시 지나친 연습으로 근육에 경련이 생겼고 급기야 오르기에서 C 학점을 받았고, 달리기에선 낙제 직전인 D 학점을 받았습니다.

독수리는 처음부터 문제아였으므로 심한 훈련(훈계)을 받아야 했습니다. 나무 꼭대기에 오르는 수업에서는 독수리가 다른 모든 동물을 압도적으로 제치고 1등을 차지했으나 항상 자기 방식만을 고집하는

망나니였습니다.

마침내 연말이 되었습니다. 수영 실력은 매우 뛰어났으나 달리기와 오르기, 날기는 잘하지 못하는 얄궂게 생긴 뱀장어가 가장 높은 점수를 받아 졸업생 대표가 되었습니다.

앞의 이야기는 조지 레비스(George H. Reavis)의 《동물 학교》에 나오는 내용이다.

Choice & Focus

독창성의 싹을 자르다!

앞 얘기에서 동물 학교를 수석으로 졸업한 이가 누구였는가? 어느 과목에서나 지진아 취급을 받던 '뱀장어'였다. 거의 모든 과목을 그럭저럭 다 할 수 있었던 덕분이다. 이 얘기가 우리에게 던지는 교훈은 크게 두 가지다.

첫째, 모든 것을 잘하려다간 하나도 제대로 못할 뿐 아니라 독창성의 싹마저 잘라버릴 수 있다.

과거는 비교적 단순한 사회였다. 과거엔 특정 분야에서 탁월한 능력을 발휘하지 못해도 다양한 분야에 걸쳐 조금씩이라도 해나갈 수 있는 인재를 중요시했다. 하지만 오늘날은 매우 복잡다단한 사회다. 한 사람이 할 수 있는 일은 점점 더 세분화 · 전문화되고 있어 다양한 분야에 발을 담그기란 시간적·경제적·공간적으로도 한계가 따른다. 따라서 앞의 얘기는 개인의 독창성과 차이점을 가르치고 키우는 것이 얼마나 소중한지 잘 보여준다. 시간이 지날수록 비범한 학생이 오히려 평범해지는 교육이라면 그만두는 게 옳다.

둘째, 평균 중시 사고로 인해 평균에 가장 가까운 사람이 과대평가를 받아 조직의 전체 역량을 반감시킬 수 있다.

두루뭉술하거나 혹은 평균이라는 미명 아래 무미건조한 인재나 구성원이 양산되면 결국 조직은 중추신경이 마비돼 위험에 처할 수 있다. 경쟁도 혁신도 출발점은 모두 선택과 집중임을 간과해선 안 된다. 어느 조직에서든 평균인 사람이 있다. 평균 이하도 이상도 아닌 전형적인 회색 인간이라고 할 수 있다. 개성도 없고 무미건조해 성과 또한 별반 다르지 않다. 동일한 악기 여러 개가 동시에 쏟아내는 소리보다 서로 다른 악기들이 모여 소리를 낼 때 비로소 천상의 화음이 되는 것처럼, 개개인이 가진 장점과 특징을 최대한 살려야 탁월함이라는 증폭 현상이 나타난다.

아인슈타인은 이렇게 말했다.

"모든 사람은 천재다."

그리고 "만약 나무에 오르는 능력만으로 물고기의 재능을 묻는다면 물고기는 빠르게 헤엄칠 생각은 아예 하지도 않은 채 자포자기의 삶을 이어갈 것이다. 많은 사람이 실제로는 천재이면서 바보의 삶을 사는 까닭이 여기에 있다"라고 덧붙였다. 즉 모든 사람은 애당초 천재인데, 단지 다른 잣대 하나로 모든 것을 평가하기 때문에 그 재능이 드러나지 않는다는 거다.

학생들이 학교에서는 잠을 자고, 공부는 밤에 학원에 가서 하는 게 지금 우리 교육계의 반(半) 진실이다. 학생 모두가 자신의 재능과 능력을 살리는 교육, 그건 언제쯤 가능할까? 아니 가능하긴 할까?

Think Critically

1

모든 걸 다 잘하려다간 하나도 제대로 하지 못할 수 있다.

2

개개인이 가진 장점과 특징을 최대한 살려야 탁월함이라는 증폭 현상이 일어난다.

3

평균 중시의 발상은 창의력을 저해하는 강력한 적이다.

04

절묘한 형상의 비밀

캐나다의 육상 영웅
해리 제롬(Harry Jerome).
밴쿠버 스탠리파크에 그의 동상이 세워져 있다.
동상의 왼쪽 발을 보라.
육중한 청동 전신이 발끝에 몰려 있다.

발끝은 어떻게 그 무게를
감당하고 있는 걸까?

나이를 거꾸로 먹는 통쾌한 비결 !

'앞서가고 싶다', '자신감을 갖고 싶다'고 원한다면 당신은 그대로 될 것이다.
자! 새 출발이다. 강한 자만 이긴다고 정해져 있지 않다.
재빠른 사람만이 이긴다고 정해져 있지 않다.
'나는 할 수 있다'고 생각하는 사람, 그렇게 생각하는 신념 있는 사람만이 결국 이긴다.

세계적 성공학 연구자 나폴레온 힐(Napoleon Hill)

Mind Control

늙는 것이 아니라 성숙해지는 것이다.

세상엔 다시 되돌릴 수 없는 것 세 가지가 있다.

- **우리 입을 떠난 말**
- **시위를 떠난 화살**
- **흘러간 세월**

하지만 앞으론 '세상에서 다시 되돌릴 수 없는 두 가지'라고 바로잡아야 할 것 같다. 이유는 '흘러간 세월'은 되돌릴 수 있기 때문이다. 이 무슨 혁명적 발언인가!

'나이는 숫자에 불과하다.'

이는 무척 자주 듣는 말이지만 별로 신뢰가 가지 않는 말, 그냥 듣기 좋으라고 내뱉는 말 쯤으로 치부하는 경향이 있다. 하지만 이는 때로는 아주 고약한 말이기도 하다. 이 말을 던질 때 이미 상대의 나이, 즉 숫자를 의식하거나 나이 먹었다(늙음)는 걸 전제하기 때문이다.

누구든 오래 살기를 바란다. 그러면서도 정작 나이 먹는 건 싫어한다. 이처럼 모순의 중심에 '나이'가 존재한다면, 시시비비를 가릴 필요가 있다.

하버드대 심리학과 교수인 엘렌 랭어(Ellen J. Langer)는 실제로 '나이는 숫자에 불과하다'고 주장한다. 그 근거는 이렇다.

지난 1979년 9월, 미국 뉴햄프셔주 피터버러의 외딴 수도원에서 70대 후반에서 80대 초반의 노인 8명을 상대로 20년 전 당시처럼 살게 하는 혁신적 실험을 진행했다. 이 실험은 마음의 시계를 거꾸로 돌린다면 육체의 시간도 되돌릴 수 있다는 의미에서 '시계 거꾸로 돌리기 연구(Counterclockwise study)'라는 이름으로 추진되었다. 그 연구 결과는 우리들의 고정관념에 충격적 메시지를 던져주었다.

실험자들은 노인들에게 1959년 풍경으로 완벽하게 꾸며진 집에서 흑백 TV로 카스트로의 아바나 침공과 공산주의, 미국 첫 인공위성 익

스플로러 발사 등의 장면을 시청하게 하고, 라디오와 영화도 당시 것만 접하도록 했다. 간병인이나 가족의 도움 없이 요리와 청소도 스스로 하며 지냈다. 또 과거의 나이로 돌아간 것처럼 현재형으로만 말하고 토론하게 했다. 그런데 놀라운 일들이 불과 일주일 만에 벌어졌다. 노인들이 실제로 젊어진 것이다. 시력과 청력, 기억력, 악력이 개선되고 체중이 늘었으며, 부축 없이는 걷기 힘들었던 한 노인은 꼿꼿한 자세로 걷기 시작했다. 심지어 무기력하던 한 노인은 미식축구에 동참하기도 했다. 그들의 행동과 표정은 50대로 돌아간 것처럼 보였다.

"우리 세대의 가장 위대한 발견은 자신의 마음가짐을 바꾸면 자신의 인생을 바꿀 수 있다는 것이다."

이는 철학자이자 심리학자인 윌리엄 제임스(William James)의 설파다. 이런 주장은 앞서 랭어 교수의 실험을 통해서도 진실임이 확인되었다.

당신은 당신이 생각하는 대로 된다. 만일 당신이 진다고 생각하면 당신은 반드시 진다. 또한 이기고 싶다는 바람 한편으로 '힘들다'고 생각하면 당신은 결코 이기지 못한다. 그렇다면 늘 긍정적이고 창의적 생각으로 머리를 채워라.

Behavior
창의적인 척 행동하라!

●골퍼와 캐디! 두 사람 모두 더 넓고 푸른 잔디밭을 거닌다. 골퍼는 골프를 칠수록 활기가 넘치고 건강해지지만 캐디는 점점 온몸이 쑤시고 아파온다. 한 사람은 유쾌한 마음으로 운동을 하지만, 다른 한 사람은 힘든 노동을 하는 탓이다.

2007년 〈뉴욕타임스〉가 선정한 '올해의 아이디어'에 꼽힌 실험이 있다. 랭어 교수 주도로 이루어진 이 실험은 스스로의 생각과 태도가 육체에 얼마나 많은 영향을 미치는지를 잘 보여준다.

실험 대상은 호텔에서 객실 청소를 하는 청소부 84명이었다. 객실 청소부들은 매일 평균 15개 정도의 객실을 청소했다. 그들은 청소를 하는 동안 몸을 많이 움직이는데도 건강 상태가 좋지 않았다. 혈압에서부터 체질량 지수, 체지방 비율 등 어느 지표 하나 만족스러운 게 없을 정도였다. 그런 청소부들 가운데 몰래 절반을 불러 현재 업무가 얼마나 몸에 좋은 운동인지 자세히 설명해주었다. 그러자 불과 한 달 만에 이들의 건강 지표는 눈에 띄게 개선되었다. 불룩 나온 배도 들어갔고 삼중 턱도 사라졌으며 혈압도 떨어졌다. 반면에 아무런 설명을 듣지 않은 나머지 절반의 청소부들 건강 상태는 아무런 변화가 없었다.

앞의 두 실험을 통해 규명된 건 젊음도, 건강도 모두 당신의 생각과 태도 여하에 달려 있다는 위대한 진실이다.

'일체유심조(一切唯心造)'

'시계 거꾸로 돌리기 연구'에 참여한 노인들은 평소 몸이 건강하지 못했다기보다 '나이가 들면 체력이 떨어지고 정신도 혼미해진다'는 스스로의 고정관념에 사로잡혀 있었다. 또 호텔 객실 청소부들 역시 매일 과다한 노동으로 건강이 좋을 리 없다는 선입견에 빠져 있었다. 그래서 건강 상태가 좋지 않았다. 건강할 수 있는 여력이 있었음에도 고정관념이나 선입견으로 인해 자신들이 처음부터 건강할 리 없다는 높은 장벽을 쌓아두고 살아온 거다.

나이가 들면 들수록 섭섭함과 분노, 수치심, 슬픔, 불안감도 덩달아 늘

명랑해지는 첫 번째 비결은 명랑한 척 행동하는 것이다.

고정관념, 선입견의 장벽을 허물어라!

어난다. 요절한 천재 뮤지션 김광석의 〈서른 즈음에〉의 가사 한 구절이 묘하게 가슴에 와 닿는다.

"머물러 있는 청춘인 줄 알았는데, 비어가는 내 가슴속엔, 더 아무것도 찾을 수 없네."

하지만 그런 감정들은 우리가 살아 숨 쉬고 있다는 진정한 증거다. 더불어 그런 증거는 여전히 가능성을 담고 있다. 결국 생각을 좁고 왜곡된 틀에 가두는 것은 육체가 아니라 육체의 한계를 철석같이 믿어온 우리의 편협한 사고방식, 즉 선입견과 고정관념이다.

어느 형태 심리학자는 이렇게 말했다.

"인간은 자신의 성장을 스스로 심각하게 저해하는 유일한 생물이다."

이 말이 예사롭게 들리지 않는 이유가 바로 여기에 있다. 명랑해지는 첫 번째 비결은 명랑한 척 행동하는 거다. 어쩌면 창의적인 사람의 첫 번째 비결 또한 창의적인 사람인 척 행동하는 게 아닐까? 스스로를 항상 최고의 창의적 존재라고 철석 같이 믿어라. 평소 우리의 생각은 행동을 지배하고 결국엔 육체와 건강, 삶까지도 지배한다. 그래서 인간은 자신의 생각만큼만 딱 이룰 수 있다고 하지 않던가!

- 레오나르도 다빈치: 68세
- 마크 트웨인: 74세
- 알버트 아인슈타인: 76세
- 갈릴레오 갈릴레이: 77세

- 지그문트 프로이트: 83세
- 토머스 에디슨: 84세
- 벤저민 프랭클린: 85세
- 아이작 뉴턴: 85세
- 미켈란젤로: 88세
- 파블로 피카소: 92세

《창의력(Creativity)》의 저자 짐 랜덜(Jim Randel)이 꼽은 지난 500년 동안 가장 창의적인 인물 10인이다. 이들의 수명은 매우 길었다. 무궁무진한 호기심과 남다른 창의력으로 마음의 시계를 거꾸로 돌렸고, 그 결과 육체의 시간도 되돌렸다. 그것이 바로 장수의 비결이었다. 당신도 창의력을 통해 마음의 시계를 거꾸로 돌려보지 않겠는가.

Think Critically

1

우리는 스스로 생각하는 대로 된다고 믿어야 한다.
만일 당신이 무언가에서 진다고 생각하면 분명 지고 말 것이다.

2

창의적인 사람의 첫 번째 비결은
스스로 창의적인 사람인 척 생각하고 행동하는 거다.

3

일체유심조!(一切唯心造)! 모든 건 마음먹기에 달려 있다.

관점을 바꾸면 또 다른 세상이 열린다

개의 관점에서 보면 주인은 가늘고 긴 비정상적으로 생긴 교활한 개다.
마블 L. 로빈슨

당신의 주위를 둘러보라. 이전엔 가지지 못했던 진지한 사색과 함께 정반대 차원 혹은 새로운 각도에서 눈앞의 사물을 바라보라. 그러면서 완전히 새로운 맥락과 시선으로 사안을 평가해보라. 그 이면에 무엇이 숨어 있을지 아무도 모른다. 우리가 알고 있던 진실이 모두 거짓으로 밝혀질 수도 있다. 영감을 얻어라. 깜짝 놀랄 창의적 아이디어를 수중에 넣는 행운의 시간이 될 수도 있다. 물론 그 정반대의 결과가 기다릴 수도 있다.

매트 리들리(Matt Ridley)의 《이성적 난관주의자(The Rational Optimist)》에 다음과 같은 내용이 나온다. 이는 "옛 시대 농부의 삶을 미화하기 쉽다"라는 문장으로 시작된다.

예컨대 1800년대 서유럽이나 북아메리카 동부의 어떤 지역을 상상해보자. 통나무로 지은 집 안의 화덕 주위로 가족들이 모여든다. 아버지가 큰 소리로 아이들에게 《성경》구절을 읽어주는 동안 어머니는 쇠고기와 양파를 넣은 스튜 요리를 만들고 있다. 우는 아기는 누나 중 한 명이 어르고, 맏아들은 주전자의 물을 탁자 위의 질그릇에 따른다. 큰딸은 마구간에서 말에게 사료를 주고 있다. 바깥

에는 교통 소음도, 마약 상인도 없다. 암소 젖에서 다이옥신이나 방사능 낙진이 발견된 일도 없다. 모든 것이 고요하고 평화롭다. 창밖에서 새가 노래한다.

어떤가. 사뭇 풋풋하다고? 여기까지는 참 목가적인 시골 정취가 고스란히 당신에게 전달될 것이다. 필자도 그렇게 느꼈다. 하지만 그런 아름다움이나 정취는 이것으로 끝이다. 곧이어 "미안하지만…."이란 문장으로 예기치 못한 대반전의 서막이 열린다.

미안하지만 여기서 짚고 넘어가야겠다. 이 집은 마을에서 잘사는 축에 든다. 하지만 아버지의 《성경》 읽기는 자꾸 중단된다. 기관지염으로 인한 기침 때문이다. 그가 53세에 폐렴으로 죽게 될 전조다. 실내 화덕에서 나무를 때는 연기가 기침에 도움이 되지 않는 것은 물론이다. (그는 운이 좋은 편이다. 1800년대의 기대수명은 40세가 채 되지 않았다.)

아기가 우는 것은 천연두에 걸렸기 때문이다. 이로 인해 아기는 머지않아 죽게 된다. 그의 누나는 곧 결혼하여 주정뱅이 남편의 노예가 될 것이다. 맏아들이 따르고 있는 물에서는 소 냄새가 난다. 물을 떠 온 개천이 암소가 물을 마시는 곳이기 때문이다. 엄마는 치통 때문에 고문 수준의 고통을 받고 있다. 심지어 지금 이 순간에 이웃집에서 하숙을 하고 있는 남자가 건초 창고에서 한 소녀를 임신시키는 중이고, 소녀가 낳은 아기는 결국 고아원에 갈 운명이다. 스튜는 회색이고 걸쭉하지만 오늘처럼 고기가 들어 있는 것은 아주 드문 일이다. 평소에는 귀리죽으로 연명한다. 이 계절에 과일이나 샐러드는 없다. 밥그릇과 숟가락은 나무로 만든 것이다. 초는 너무 비싸서 실내에 빛이라고는 장작불에서 나오는 것이 전부다.

가족 중 누구도 연극을 관람하거나 그림을 그리거나 피아노 연주를 듣는 일이 없다. 교육이라고는 불과 몇 년 정도 까다로운 선생에게 엉성한 라틴어를 배운 것이 전부다. 아버지는 도시에 한 번 가 봤지만 여행 경비로 일주일치 임금이 들어갔다. 나머지 식구들은 집에서 24킬로미터 밖으로 나가 본 일이 없다. 딸들이 가진 것은 각자 양모 드레스 두 벌, 리넨 블라우스 두 벌, 구두 한 켤레뿐이다. 한 달 치 임금을 주고 산 아버지의 상의는 좀이 슬고 있다. 아이들은 한 침대에서 두 명씩 잠을 잔다. 맨바닥에 깐 매트리스는 짚으로 만들어져 있다. 창밖에서 노래하는 새는 내일이면 소년이 놓은 덫에 잡혀 그의 식사가 될 것이다.

평화롭던 시골의 정취! 그리고 한 가족의 영원할 것 같은 행복한 삶과 모습!
이 모든 것이 고요한 폭풍 전야 촌음(寸陰)의 꿈처럼 산산조각 나버린다. 삐딱하지만 단 하나의 관점 변화로 말이다. 당신에게 이 한마디를 꼭 하고 싶다.

"당신이 어디서 무엇을 생각하고 꿈꾸든지
늘 그 반대도 함께 생각하고 고민하라!"

05

문명, 생각을 조율한 산물

© Kim Kwang Hee

인류가 현재와 같은 물질문명을
누릴 수 있는 이유에 대해 생각해본 적이 있는가?
강다짐과 투쟁의 결과일까?
실은 서로의 발상을 조율할 수 있었기에 가능했다.

발상 조율=시너지 효과

천기누설, 절대 틀리지 않는 점괘의 비밀

!

많은 사람이 인생에서 성공하지 못하는 이유는
기회가 문을 두드릴 때 뒤뜰에서 네 잎 클로버를 찾기 때문이다.
크라이슬러 창업자 월터 크라이슬러(Walter Percy Chrysler)

Fortune

사내, 점쟁이에게 말려들다!

●어느 시골 마을에 한 사내가 살고 있었다. 사내는 하는 일마다 꼬여 많은 빚을 지게 되었고 급기야 신용 불량자로 전락하고 말았다. 그로 인해 정상적인 사회 활동이 곤란해졌다. 이런 모습을 지켜보기 안타까웠는지 이웃집 아저씨가 사내에게 읍내에 있는 용하다고 소문난 점쟁이를 소개해주었다. 가슴앓이만 하던 사내에게

점쟁이는 한 가닥 희망이었다.

그다음 날, 사내는 해가 뜨자마자 점쟁이를 찾아 읍내로 떠났다. 한걸음에 도착한 점쟁이의 집 대문에는 큼지막한 글이 하나 걸려 있었다.

"족집게 점을 보는 데 50만 원. 점괘가 어긋나면 복채는 언제든지 돌려 드립니다."

50만 원이라는 거금에 사내는 멈칫했으나 이왕 여기까지 왔고 점괘가 틀리면 복채를 돌려준다는 문구에 안으로 들어갔다. 점쟁이와 마주한 사내는 미심쩍은 듯 물었다.

"점괘가 틀리면 돈을 돌려주신다고요?"

"그렇소만?"

그 말에 한숨 돌린 사내는 점쟁이에게 자신의 생년월일시를 적어 슬며시 내밀었다. 잠시 후, 요모조모 따져보던 점쟁이가 옅은 미소와 함께 일갈했다.

"올해는 운수대통이야! 남쪽에서 날아온 귀인을 만나 떼돈을 벌게 될 거야!"

"아이쿠! 그게 사실입니까?"

"그 귀인을 꼭 붙잡아야 하네!"

이에 사내는 연신 굽실거리며 점쟁이에게 감사의 인사를 했다.

점괘처럼 사내가 귀인을 만나 떼돈을 벌게 될지의 여부는 잠시 덮어두자. 그전에 점쟁이의 점괘부터 한번 풀어보자. 이 점쟁이의 점괘를 보아 올해 사내에게 일어날 수 있는 '경우의 수'는 모두 몇 가지일까? 어려운 질문인 것 같아 필자가 바로 답을 달았다. 사내에게 일어날 수 있는 경우의 수는 아래 예시처럼 오직 네 가지뿐이다.

① 남쪽에서 날아온 귀인을 만나 돈을 벌었다. (귀인: ○, 돈: ○)

② 남쪽에서 날아온 귀인을 만나진 못했으나 돈은 벌었다. (귀인: ×, 돈: ○)

③ 남쪽에서 날아온 귀인을 만나지 못했고 돈도 벌지 못했다. (귀인: ×, 돈: ×)

④ 남쪽에서 날아온 귀인을 만났으나 돈은 벌지 못했다. (귀인: ○, 돈: ×)

수긍이 가는가? 자 그럼, 진짜 문제!

사내가 점쟁이를 찾은 지 어느덧 일 년이 흘러 점괘의 시시비비가 가려졌다. 앞의 네 가지 경우 가운데 사내가 점쟁이를 찾아가 '콧김으로 아궁이 지필 놈'이니 '순 엉터리 사기꾼'이니 하며 복채를 당장 내놓으라고 호통을 칠 경우는 몇 번일까? 복수 응답이 가능하다. 혹시 당신은 다음과 같이 대답하지는 않았는가?

"①번과 ②번은 돈을 벌어 신용 불량자 신세를 면했으니 점쟁이에게 따질 리 없겠고, 결국 ③번과 ④번의 경우에 돈을 돌려달라고 항의할 것 같은데요?"

하지만 이는 올바른 답이 아니다. 하나씩 짚어가며 설명해보자.

①번의 경우

점괘가 100% 적중했기에 이론(異論)의 여지가 없어 보인다. 남쪽의 귀인도 만났고 돈도 벌었기 때문이다. 한마디로 임도 보고 뽕도 따고,

반드시 들어맞는 예언은 아니지만
절대로 틀리지 않는 예언은
얼마든 가능하다.

마당 쓸고 돈 주은 격이다.

②번의 경우

귀인을 만나지는 못했지만 결과적으로 돈은 벌었기에 불만을 토로하지는 않을 것이다. 신용 불량자의 최대 목표는 떼돈을 벌어 하루빨리 신용 불량자 신분에서 벗어나는 것이다. 과정은 다소 어긋났을지라도 결과가 좋으면 다 좋은 것으로 넘어가게 마련이다.

③번의 경우

사내의 입장에선 "남쪽에서 귀인이 날아오지 않아 만나지 못했다"고 주장할 것이 분명하다. 하지만 점쟁이는 "남쪽에서 날아온 귀인을 꼭 잡으라고 했음에도 사내가 귀인을 비켜가는 바람에 뜻을 이루지 못했다"고 되레 반격해온다. 그로 인해 사내는 점쟁이에게 더 이상 시비를 걸 만한 명분을 찾지 못한다.

이를테면 점을 보러 갔는데 점쟁이가 당신에게 이런 점괘를 내놓았다고 가정하자.

"다음 주에 주위를 유심히 살펴보면 당신을 행복하게 해줄 사람을 만나게 될 거야."

점쟁이의 말처럼 다음 주에 우연히 당신을 행복하게 해줄 사람을 만난다면 점괘가 100% 적중했다며 점쟁이에 대한 높은 신뢰를 표현할 것이다. 하지만 그런 사람과 만나지 못했다고 해도 점쟁이에게 불평불만을 토로할 수 없다.

"당신이 주위를 유심히 관찰하지 못했기 때문이야!"라는 점쟁이의 일갈에 오히려 주눅만 들어 발길을 돌릴 게 뻔하다. 애당초 당신은 행복을 느끼게 해줄 상대방이 누군지 모른다. 따라서 "내 주변에는 그런 사람이 없던데요"라고 주장할 수 있는 근거 따위는 전혀 없다.

④번의 경우

점쟁이의 점괘처럼 분명 남쪽에서 온 귀인을 만났는데 돈은 벌지 못했다. 이런 경우야말로 점쟁이를 몰아세워 돈을 돌려달라고 요구할 수 있지 않을까. 하지만 그런 서툰 상상은 접어야 한다. 어째서 그런 걸까? 점쟁이가 이런 반격을 해올 수 있기 때문이다.

"쯧쯧, 잘난 두 눈은 어디다 붙이고 다니누. 당신이 만났다는 그 남쪽 인간이 귀인이라고? 내가 귀인을 잡으라고 했지 언제 그런 잡(雜)것을 붙들라고 했어!"

이처럼 점쟁이는 사내에게 절대 빗나가지 않는 예언을 한 셈이다. 점쟁이는 언제든 '반드시 들어맞는 예언'은 아니지만, '절대로 틀리지 않는 예언'을 할 수 있다.

Barnum Effect

나는 원래 창의적인 사람이다!

●점쟁이의 점괘가 잘 맞는 이유는 또 있다. 점쟁이가 일러준 점괘가 딱 들어맞았다고 입에 달고 다니는 사람은 많아도 점괘가 틀렸다고 항의하는 사람은 거의 없기 때문이다. 점쟁이를 찾는 인간의 심리는 자신이 하고자 하는 일에 대한 확신을 얻기 위해서다. 심리학에서는 이런 현상을 '바넘 효과(Barnum effect)'라고 부른다. 자기 눈으로 보기 전까진 믿지 못하겠다고 큰소리 땅땅 치는 사람일지라도 특정 사실을 믿으면 보이는 법이다. 미국의 심리학자 레온 페스팅거(Leon Festinger)에 따르면, 인간은 자신의 마음속에 모순된 생각들이 대립을 일으킬 때 자신의 믿음에 맞추어 적절히 행동을 바꾸기보다, 행동에 따라 믿음을 조장하는 경향이 있다고 한다. 그런 측면에서 점쟁이를 찾는 사람은 이미 점쟁이가 무슨 말을 하든 말려들 준비가 완료된 사람이라고 보면 틀림없다.

예를 들면 이런 거다. 점쟁이가 당신에게 이렇게 묻는다.

"지난주에 물가에 갔지?"

이 말이 긍정을 의미하는 것인지 부정을 의미하는 것인지는 알 수 없다. 따라서 어떤 대답이 나와도 되받아칠 수 있다. 굳이 부정 의문문이

모든 것은 당신이
마음먹기에 달렸다.
창의력도 예외는 아니다!

아니라도 말이다. 당신이 물가에 가지 않았다고 대답한다면 점쟁이는 이렇게 말할 것이다.

"가지 않았다니 천만다행이야."

일전에 한 무속인이 언론에서 이런 말을 했다.

"점을 보러온 사람들은 어항 속의 물고기입니다. 이미 점을 믿을 준비가 되어 있는 그들에게 '살이 끼었다'거나 '삼재가 끼었다'는 식으로 미끼를 던지면 십중팔구는 반드시 다시 점을 보러옵니다."

그렇다고 사이비 종교나 우상 숭배를 간단하게 부정하지는 마라. 무언가를 믿는 것은 사람들의 잠재력과 상상력을 움직이는 하나의 방법이기에 그렇다.

"진실을 믿든 그렇지 않은 것을 믿든 신앙은 언제나 동일한 기적을 낳게 됩니다."

머피의 법칙으로 잘 알려진 교육자이자 세계적인 정신 법칙의 권위자 조지프 머피(Joseph Murphy)의 주장도 잊지 마라.

당신은 이렇게 외치고 다녀야 한다.

"나는 원래 창의적인 사람이다!"

이런 식의 사고는 진실이다. 많은 사람이 창의력에 영향을 미치는 요인들을 찾아내기 위해 성장 과정에서부터 교육 배경에 이르기까지 수많은 요인을 조사했으나 결정적인 것을 찾지 못했다. 하지만《생각의 혁명》의 저자이자 창의력 분야의 대가인 로저 본 외흐(Roger Von Oech)는 딱 한 가지 차이가 존재한다는 사실을 발견했다.

"창의력을 가진 사람은 스스로를 창의적이라고 규정하고 있다."

모든 건 당신이 마음먹기에 달렸다. 창의력도 마찬가지다.

Think Critically

1

모든 건 마음먹기에 달렸다.
창의력도 예외가 아니다.

2

사람은 자신의 믿음에 맞춰 행동을 바꾸기보다는
행동에 맞춰 믿음을 조장하는 경향이 있다.

3

'나는 원래 창의적인 사람이다.'라고
철석같이 믿고 행동하라.

06

이건 몰랐을 걸?

© Kim Kwang Hee

편리한 이동 수단으로,
생사가 달린 전장(戰場)의 싸움 도구로,
인간의 굶주린 배를 채워주는 음식으로
인간과 관계를 맺은 말.
말의 등자(발걸이)는 그 역사를 고스란히 담고 있다.

이 사진의 비밀은
과연 무엇일까?

킬러 애플리케이션, 세상을 뒤집다 !

혁명은 사소한 것이 아니다. 하지만 혁명은 사소한 것에서 출발한다.
고대 그리스의 철학자 아리스토텔레스

Killer App.
삶에 엄청난 영향을 끼친 것!

종이, 금속활자, 컴퍼스, 화약, 나침반, 도르래, 증기기관, 엘리베이터, TV, 자동차, 원자폭탄, 컴퓨터, 인터넷, 스마트폰….

위에 나열한 물건들이 공유하는 가치는 무엇일까? 모두 우리 삶에 엄청난 영향을 미쳤거나 미치는 것들이다. 이것들을 다른 말로 '킬러 애플리케이션(Killer Application)'이라 부르는데, 줄여서 '킬러 앱(Killer App)'이라고도 한다.

이는 원래 미국의 주식 투자가들 사이에서 쓰이던 말이다. 실리콘밸리나 보스턴의 테크놀로지 센터 같은 곳에서 만든 소프트웨어 '둠'이나 '스타크래프트' 따위의 발명품들을 킬러 애플리케이션이라 부른다. 그러던 것이 미국 노스웨스턴대 교수 래리 다운즈(Larry Downes)와 비즈니스 전문지 편집장인 춘카 무이(Chunka Mui)가 함께 펴낸 책《킬러 애플리케이션》을 통해 세상에 다시 주목을 받게 되었다.

이는 세상에 등장하자마자 소비자들에게 엄청난 매력을 향유케 함으로써 다른 경쟁 제품이나 기술을 퇴출시키고 애초의 사용 목적을 훨씬 뛰어넘어 시장과 산업, 사회, 정치, 국가를 재편하는 강력한 힘을 지닌 혁신적인 제품이나 서비스, 기술들을 지칭하게 되었다. 이는 해당 제품(기술)의 발명자조차도 전혀 예기치 못한 엄청난 파급 효과가 일어나면서 특정 산업의 성장에 원동력이 되는 걸 말한다. 쉽게 말해서 누군가가 돌멩이를 하나 던졌는데 고요했던 연못에 순간적으로 큰 파문이 일어난다면 그 돌멩이가 바로 킬러 애플리케이션이라고 할 수 있다.

나아가 특정 기술이나 제품 등의 분야에서 어떤 킬러 애플리케이션이 등장하느냐에 따라 평소 우리들이 꿈꿔온 미래 방향성과는 전혀 다른 방향으로 요동치게 될 것이다.

사실 킬러 애플리케이션은 오래전부터 존재하면서 세상에 지대한 영향을 미쳤다. 앞서 나열한 제품들이 대표적인 예다.

잠시 앞부분에 등장하는 말의 사진을 보라. 사람이 말 위에 올랐을 때 두 발을 지탱하게 도와주는 낯익은 도구가 보인다. 그렇다. 그 도구는 바로 '발걸이'다. 정확한 명칭은 말을 타고 달릴 때 필요한 '등자(Stirrup)'다. 등자는 중세 유럽의 역사를 바꿔놓았을 정도로 폭발적 힘을 과시했다.

인류가 말을 타기 시작한 것은 기원전 4500년경이라 전해진다. 하지만 유럽에 등자가 보급된 건 한참 지난 8세기경이다.

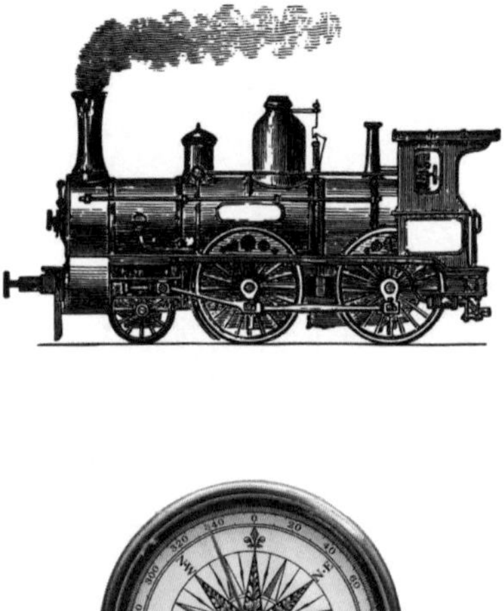

PART
3

Stirrup
등자가 바꾼 유럽 역사!

●등자가 개발된 이후 사람들이 말에서 떨어지는 일도 줄어들고 방향을 조절하는 능력도 탁월해졌다. 뿐만 아니라 두 발에 힘을 주고 긴 창으로 적(敵)의 심장을 단숨에 깊은 곳까지 찌를 수 있게 되었다. 두세 번 찔러야 했던 것이 단 한 번으로 상대의 숨통을 끊어놓을 수 있게 된 거다. 덕분에 싸움은 이전과 달리 단시간에 승패가 갈렸으며 등자를 구비한 기마 군단이 수적인 열세에도 불구하고 연전연승을 거듭하게 되었다.

등자로 인한 기마 군단의 전투력 증강은 말의 수요도 함께 불러와 결국엔 초지(草地)가 말의 수요를 따라잡지 못하는 기이한 현상을 불러왔다. 이로 인해 영주 계급이 쇠퇴하고 중세가 몰락하는 계기가 되었다.

한편 중세 유럽은 북쪽 바이킹의 침략에 끊임없이 시달렸다. 그러나 등자는 당시 기사들이 크게 활약할 수 있는 최상의 조건을 만들어 바이킹이 유럽 전역을 정복할 수 없도록 만들었다.

별 볼일 없어 보였던 등자 하나가 결국엔 발명자의 상상을 훨씬 뛰어넘어 사회와 국가의 재편까지 초래한 것이다. 역사학자인 린 화이트 주니어(Lynn White Jr.)는 그런 등자를 이렇게 표현했다.

"등자처럼 간단한 발명품도 없으나 역사에서 그처럼 엄청난 지각변동을 일으킨 것도 없었다."

당시 말은 불가결한 교통수단이자 전투의 중요한 수단이었다. 따라서 등자의 발명은 세상을 발칵 뒤집어놓을 정도로 대단한 사건이었다. 등자는 그에 걸맞은 파괴력도 지니고 있었다.

이제는 쉬워 보인다고, 하찮게 보인다고 얕잡아보지 마라. 그랬다가는 "당신은 아직 멀었다"라는 말을 듣기 십상이다. 킬러 애플리케이션으로 인해 당신 삶에 갑자기 지각변동이 일어날지도 모른다.

우리는 킬러 애플리케이션의 등장을 부지런히 자극함과 동시에 이를 긍정적이고 부가가치가 높은 방향으로 이끌어야 한다. 세상의 모든 킬러 애플리케이션은 창의력의 유산이다.

Think Critically

1

세상에 등장하면서 엄청난 파급 효과를 가진 유·무형 제품이 킬러 애플리케이션이다.

2

등자(발걸이)는 중세 유럽의 역사를 바꾸어놓았을 정도로 폭발적인 힘을 과시한 도구다.

3

세상의 모든 킬러 애플리케이션은 창의력의 유산이다.

07

행복하기 위해 필요한 것

© Kim Kwang Hee

"행복, 너 어디에 있니?"
행복은 대체 어디에 숨어 있는 것일까?
저 너머에 있는 것일까?
그냥 알아차리면 된다.

행복은 바로
당신 앞에 있다!

행복하고 싶다면 창의력을 길러라!

행복을 돈으로 살 수 없다고 말한 사람은
어느 가게에서 행복을 사면 되는지 몰랐던 것이다.
미국 작가 거트루드 스타인(Gertrude Stein)

Happiness

행복으로 가는 세 가지 조건!

삶에서 우리를 진정한 행복으로 이끄는 것은 무엇일까? 명예? 사랑? 건강? 아니면 돈과 권력?

많은 사람이 몸(body)과 마음(mind) 그리고 정신(soul), 이 세 가지가 조화와 균형을 이룰 때 가장 행복해질 수 있다고 얘기한다. 몸은 튼튼한 건강을 기초로, 마음은 풍요로운 부를 통해서,

정신은 도덕적 품위라는 명예를 업고 조화와 균형이 달성되기 때문이다. 모든 인간은 행복을 추구할 '행복 추구권'을 가지고 있다. 대한민국 헌법 제10조에서도 그런 구절이 발견된다.

'모든 국민은 인간으로서 존엄과 가치를 가지며, 행복을 추구할 권리를 가진다.'

인간의 가장 기본적 욕망인 '행복'을 헌법에 기록하여 국가적 차원에서 보장하고 있다. 즉 이 땅의 국민이라면 누구든지 태어나면서부터 행복해질 권리를 가진다.

그렇다면 모두가 행복해질 수 있는 솔로몬의 지혜는 없는 것일까? 안타깝게도 그런 건 없다. 왜냐고?

행복이란 다양한 의미를 지니며 개개인의 환경과 가치관 차이에서 출발하기 때문에 매우 주관적이다. 따라서 일방통행식의 정의란 애당초 존재하지 않는다. 그래서 전 세계 75억 인구수만큼이나 행복의 정의가 다양하게 존재한다.

행복에 대한 정의가 반드시 필요하다면, 고통이 없고 원하는 일을 하거나 가지고 향유할 수 있는 상태라고 할 수 있지 않을까. 아니 어쩌면 "사람은 자신이 행복해지겠다고 마음먹는 만큼 행복해진다"는 링컨의 주장이 정답일지도 모른다. 그럼에도 가장 고전적이면서도 여전히 막강한 행복의 조건으로 제시되는 게 있다. 다음 세 가지 조건이 톱니바퀴처럼 서로 잘 맞물려 돌아가는 경우가 그렇다.

"재물을 잃는 것은 인생 일부를 잃는 것이요, 명예를 잃는 것은 인생 절반을 잃는 것이며, 건강을 잃는 것은 인생 전부를 잃는 것이다."

이런 말이 존재할 정도로 앞서 말한 세 가지 조건은 참으로 비중이 크다. 그렇다면 세 가지 조건 가운데 행복해지기 위해 가장 필요한 조건은 뭘까? 질문이 어려운가? 고민할 필요 없다. 질문을 이렇게 바꾸면 된다.

"세발자전거를 탈 때 어느 바퀴가 가장 중요할까?"

삶을 조금씩 늘리더라도 언젠가는 모든 것을 두고 떠나야 한다. 남은 시간이 많지 않음을 자각할 때 온 가족이 식탁에 둘러앉아 식사를 하는 평범한 일상이 얼마나 큰 행복인지 문득 깨닫기도 한다.

그렇게 쟁취한 행복이지만 때론 인간을 따분하게 만드는 존재로 돌변하기도 한다. 독일의 문호 괴테가 그렇게 생각했다.

"세상의 그 무엇도 인내할 수 있지만, 행복한 나날의 연속만큼은 참을 수 없다."

역설적 표현일 수도 있다. 행복은 출발하면 언젠가 이르는 종착역이 아니라 목표를 향해 달려가는 순간순간 맛보아야 할 황홀한 선물이다.

Money
돈으로 살 수 없는 행복도 있다?

미국의 한 연구 기관은 행복한 삶의 비결을 알아내기 위해 하버드대 남학생 268명의 생애를 무려 72년 동안이나 추적했다. 그 결과가 지난 2009년 미국의 한 시사 월간지에 실렸다.

그렇다면 과연 진정으로 행복하고 성공적인 삶을 사는 비결은 어떤 것이었을까?

연구 대상이 된 268명은 1930년대 후반 하버드대에 입학한 학생들이며 평생 동안 매년 정기적으로 건강 진단과 심리 테스트를 받았다. 조사 결과, 한 개인의 행복을 결정하는 가장 중요한 요소는 그들의 태도였고, 가장 행복을 느끼는 사람들이 보유한 공통적인 태도는 낙관주의였다. 또한 낙관주의 외에도 행복의 주된 원인은 여섯 가지가 더 있었다. 그것은 바로 훌륭한 교육과 안정적인 결혼 생활, 금연, 술이나 약물을 남용하지 않는 것, 충분한 운동, 적당한 체중이었다.

이런 결과가 우리에게 던지는 시사점은 뭘까? 골똘히 생각해보면 가장 큰 메시지는 결국 '돈'과 '부'가 아닐까 한다. 무슨 뚱딴지같은 소리냐고?

분명 앞에서 개인의 행복을 결정하는 가장 중요한 요소는 개개인의 태도라고 했다. 또한 훌륭한 교육과 안정적인 결혼 생활, 충분한 운동,

적당한 체중 등이 행복을 가져다주는 주요 원인이었다.

하지만 다시 한 번 잘 생각해보라. 조사 결과가 던지는 행간(行間)의 의미를 말이다.

훌륭한 교육과 안정적인 결혼 생활은 돈이나 부와 직결되는 문제임을 매우 잘 알고 있을 거다. 더불어 충분한 운동과 적당한 체중, 즉 건강 유지 또한 경제적 여유와 밀접한 관련성이 있다.

경제적인 문제가 원만히 해결될 때 비로소 사람들이 자신의 운동 시간이나 체중 조절에 투자할 여유가 생긴다. 미국 비만 인구의 대부분이 중·하류층 사람들이라는 조사 결과도 이를 잘 뒷받침한다. 그리고 행복을 결정짓는 가장 중요한 요소가 낙관주의라고 했다. 경제적으로 여유가 없을 때보다 여유를 가질 때 인간은 훨씬 더 낙관적이고 긍정적일 수 있음을 잊지 말아야 한다.

많은 사람이 "돈으로 행복은 살 수 없다"고 말하곤 한다. 하지만 '행복'하다고 생각하는 사람은 경제적으로도 여유가 있고 애정 관계의 경우에도 자신의 이상형을 만날 가능성이 높다고 하는 것이 그동안 많은 전문가가 밝혀낸 돈과 부의 진실이다.

모두가 부러워하는 위치라 할지라도 자신이 행복을 느끼지 못하면 별 의미가 없다. 또한 돈이나 부를 가지면 필연적으로 행복해지는 것도 아니다. 그래서 행복의 기준은 당신 자신이 되는 게 옳다. 하지만 돈과 부를 가지면 피해갈 수 있는 불행은 무수히 많다. 돈과 부로 대부분의 행복은 보장받을 수 있다는 의미다.

코넬 대학의 경제학 교수 로버트 프랭크(Robert Frank)는 이렇게 말

'돈으로 결코 행복을 살 수 없다'가 아니라
돈으로 살 수 없는
행복도 있다.

한다.

"소득 수준 하위 5%에서 상위 5%로 옮겨가는 것만큼 행복 지수를 크게 높여주는 삶의 변화는 없을 것이다."

또한 일본의 유명한 영화감독이자 극작가인 미타니 고키(三谷幸喜)는 이렇게 말했다.

"돈으로 모든 물건을 살 수 있는 것은 아니지만 거의 대부분의 물건을 살 수 있다."

그렇다면 돈과 행복의 관계는 이렇게 표현하는 것이 옳다.

'돈으로 결코 행복을 살 수 없다'가 아니라 '돈으로 살 수 없는 행복도 있다.'

따라서 돈과 행복의 관계 설정에서도 고정관념이 개입되거나 왜곡된 시각으로 접근해선 절대 안 된다. 돈을 벌기 위해 새벽잠을 설치고, 집을 사기 위해 외식을 줄이고, 자동차를 사기 위해 점심 값도 아낀다. 그만큼 물질적인 가치와 행복은 아주 가까이에 있는 게 오늘날이다.

그런데 왜 세계에서 가장 빈곤한 국가의 사람들이 가장 행복하다고 외치는 걸까? 얼마만큼 진실성을 담고 있는 걸까? 어쩌면 자기가 불행하다는 사실을 알지 못하기 때문에 행복한지도 모른다. 즉 비교 가능한 외부 세계를 잘 모르고 살기에 스트레스가 적고 행복한 것이다.

언론에 따르면, 방글라데시가 가난하지만 행복 지수는 가장 높은 국가라는 말은 옛말이 되고 있다고 한다. 기후 난민이 크게 늘어나면서 폐기물 처리 시설 부족으로 2차 오염이 심각하며, 원주민과 난민 사이의 다툼, 강도, 강간 사건도 급증하고 있단다. 이는 빈곤으로 사회 갈등이 심각해졌다는 걸 가리킨다.

가령 10만 원이 한국인에게 가져다주는 행복보다 방글라데시인에게 가져다주는 행복이 훨씬 크다면 이는 국민소득이 3만 달러 이상일 때보다 900달러 이하인 경우에 10만 원이라는 돈이 훨씬 더 값지고 의미 있음을 가리킨다. 그렇지 않은가?

꿈꿀 미래가 존재하지 않아 현재가 가장 행복하다고 느끼는 것이 아니었으면 한다. 어쩌면 행복 지수보다 체념 지수가 높다는 것이 정확한 표현인지도 모른다.

Creative Experience
몰입하고 있다면 이미 창의력 솔루션을 가진 것이다!

● 행복과 창의력은 어떤 관계일까? 양자는 백화점이나 할인 마트에서 간단히 손에 넣을 수 있는 것이 아니다. 행복과 창의력은 스스로 어떤 과정과 힘든 노력을 통해 발굴하고 계발해야

한다는 동질성을 가지고 있다.

미국의 심리학자이자 《몰입의 즐거움》의 저자인 미하일 칙센트미하이(Mihaly Csikszentmihalyi)는 이런 말을 한 바 있다.

"창의력을 가진 사람은 주변 사람이나 사물에 대해 호기심을 가지고 주의 깊게 관찰하며, 그것에 매료된다. 이런 과정 중 '창의적 경험'을 하는데 그것은 꺼지지 않는 호기심, 무언가에 매료되었던 경험, 무언가를 알아냈을 때의 기쁨 등을 말한다."

결국 더 많은 행복을 추구하고 싶다면 더 많은 창의력을 가져야 한다. 자기 성장과 자기 행복을 위해 창의력 계발은 필수적이다. 그런 창의력은 자신은 물론 주변 사람들에게까지 영향을 미쳐 사회 전체의 행복을 불러올 수 있다.

프로이트, 마르크스, 아인슈타인, 에디슨, 드러커, 잡스 등 걸출한 업적을 자랑하는 세계적인 거장들에게는 우리가 알고는 있지만 실천하기 힘겨운 공통점 하나가 있다. 그것은 바로 남다른 집중력이다. 무언가를 향한 고도의 집중 상태는 그동안 잠들었던 두뇌의 능력을 극대화시킨다. 따라서 창의적 아이디어가 물 쏟아지듯 흘러넘치게 만든다. 그러면서 삶의 만족도는 절정에 이르게 된다. 이게 바로 최고의 행복이다.

어렵게 생각할 것 없다. 당신이 가장 행복했던 순간은 언제였는가? 평소 좋아하는 일에 몰입할 때가 아니었는가. 강을 거슬러 헤엄치는 사람만이 강물의 세기를 알 수 있듯이 지극(至極)의 창의력 순간을 맛본 사람만이 행복의 진정한 의미를 알 수 있다. 그 과정이 비록 가시밭이라고 할지라도 행복이란 달콤한 결실을 원한다면 창의력 계발에 힘써야 한다.

Think Critically

1

차면 기울듯 시효(時效)까지 존재하는 것이 바로 행복이다.

2

'돈으로 결코 행복은 살 수 없다'가 아니라 '돈으로 살 수 없는 행복도 있다.'

3

지극(至極)의 창의력 순간을 맛본 사람만이 행복의 진정한 의미를 알 수 있다.

08

사형수가
가장 원하는 것

포스터의 아랫부분을 보라.
어둠침침한 복도를 누군가가 터벅터벅 걸어가고 있다.
어깨가 축 처진 모습이다.

이 사람은 무슨 상념에 젖어 걷고 있는 걸까?

영화 《집행자》의 포스터

사형수가 오늘 가장 원하는 물건은 ?

당신이 헛되이 보낸 오늘은 어제 죽어간 이들이 그렇게 살고 싶어 하던 내일이다.
내가 살아 있는 동안에는 나로 하여금 헛되이 살지 않게 하라.
미국 사상가 랠프 월도 에머슨(Ralph Waldo Emerson)

Desire
사형수의 간절한 기도

1949년 7월 14일, 한 살인범의 사형이 집행되었다. 이것을 신호탄으로 1997년 12월 30일까지 대한민국에선 모두 920명의 사형수가 형장의 이슬로 사라졌다. 사실 형사소송법에 사형은 법무장관이 확정판결 후 6개월 이내에 집행명령을 내리고, 명령 후 5일 이내에 집행하도록 되어 있다. 그럼에도 1997년을 마지막으로 지금껏 국내에서 사형은 집행되지 않았다. 엄밀히 말하면 형사소송법에 어긋나는 행위다. 아무튼 그 덕분에 대한민국은 국제 앰네스티가 인정하는 '실질적 사형 폐지국'으로 분류되어 있다.

그럼에도 사형 제도는 여전히 존속되고 있다. 우리 헌법재판소는 그 존속 이유를 이렇게 밝히고 있다.

"사형은 정당한 응보(應報)를 통해 정의를 실현하고, 범죄를 예방해 사회를 방어하는 목적을 가지며 일종의 필요악(必要惡)으로 여전히 제 기능을 하고 있다."

다시 말해 사형제는 범죄 예방이나 응보주의 실현을 통한 정의와 공익 달성 등 필요악으로서 여전히 그 기능을 수행하고 있으므로 존속되어야 한다는 논리다.

다음 글을 읽어보자. 사형 집행은 일반인들이 접할 수 없는 공간에서 이루어진다. 그래서인지 내용이 꽤 무겁다.

오전 8시 30분, 서울구치소 기동타격대 선임 모 교도관은 평소와 다름없이 출근했다. 곧바로 보안과장의 호출이 있었고 방 안에는 무거운 침묵만 감돌았다. 그것도 잠시, 그의 손에는 그날 사형이 집행될 사형수 네 명의 명단이 건네졌다. 오전 11시가 되자 기동타격대 후배 다섯 명과 함께 첫 번째 사형수를 데리러가기 위해 발걸음을 뗐다. 교도관이 이름을 부르자 미결수들과 섞여 있던 사형수는 순간 멈칫거리더니 말없이 따라나섰다. 교도관은 사형수가 방에서 나오자 수갑을 채우고 "법무부 장관의 명령으로 사형이 집행된다"고 알렸다. 그리고 사형장까지 동행했다. 길어야 5분, 사형수가 자신의 생애에서 가장 느린

걸음으로 세상과 영원히 작별할 준비를 하는 시간이다. 먼저 사형 집행자는 사형수의 이름과 범죄 내용, 사형선고 사실 등을 묻는다. 그리고 사형수가 원하는 대로 종교의식을 치르고 유언을 듣는다. 그것을 마지막으로 집행 개시를 알리는 빨간 불이 들어오면 커튼이 닫힌다. 사형수가 보이지 않게 벽 뒤에 앉은 다섯 명의 사람이 동시에 자기 앞의 버튼을 누르면 누구의 선택에 따라 작동하는지 알 수 없도록 2~3초가 흐른 뒤 사형수 발밑의 장치가 열려 교수형이 집행된다. (〈연합뉴스〉, 성혜미, 2009.10.21.)

"확정판결을 받은 사형수가 오늘 가장 원하는 '물건'은 무엇일까?"

이는 필자가 외부 강의 중에 자주 던지는 질문 가운데 하나다. 이 질문에는 수강자들의 수만큼이나 다양하고 흥미로운 대답이 쏟아져 나온다. 칼(목을 죄는 밧줄을 끊기 위해)에서부터 휴대폰(사랑하는 사람과 마지막 통화를 하기 위해서),《성경》등의 대답이 가장 많이 나온다. 수강자들의 답변을 들은 필자는 "다른 것은 없습니까?" 하고 재차 묻는다. 그러면 잠시 동안 침묵이 흐른다. 침묵을 깰 요량으로 필자는 이렇게 답한다.

"답은 바로 '내일'이랍니다."

그러면 갑자기 수강자들이 웅성거린다.

"에이, 조금 전에 '물건'이라고 하지 않으셨습니까? 그런데 어떻게 '내일'이 될 수 있습니까?"

그런 수강자들의 반론에 필자는 이렇게 응수한다.

"세상엔 유형(有形)의 물건과 무형(無形)의 물건이 있습니다. '내일'은 무형의 물건입니다. 그리고 세계적 기업들이 가진 자산 가운데 50% 이상은 브랜드와 같은 무형 자산입니다."

틀린 것이 없지 않은가. 필자의 말에 그제야 수강자 중 절반이 쓴 미소를 짓는다.

사회적으로 엄청난 물의를 일으켜 사형을 선고받은 사람에겐 그에 걸맞은 가혹한 형벌이 주어진다. 그것은 다름 아닌 자신이 언제 죽을지 모른다는 사실이다. 사형 집행자는 사형수에게 사형이 언제 집행되는지 절대로 알려주지 않는다. 그로 인해 사형수들은 '혹시 오늘일지도 모른다'는 불안과 초조함에 하루하루를 살아간다. 집행 당일만 자신이 죽는다는 것을 알기에 모든 사형수는 '오늘'만 죽을 수 있다. '내일' 죽는 사형수는 있을 수 없다.

만약 사형수가 자신에게 명확히 내일이 존재한다는 것을 안다면 오늘 밤에 얼마나 달콤한 잠을 청할 수 있을까? 하지만 이 나라는 사형수에게 그런 아량은 베풀지 않는다. 그래서 사형수는 매일 아침 죽음을 준비한다. 우리나라에 그런 사형수는 현재 60여 명에 이른다.

뉴스를 통해 매년 10여 명 이상의 사형수가 자살한다는 사실도 알고 있을 게다. 언제 사형이 집행될지 모른다는 극심한 중압감에서 해방되고자 스스로 목숨을 끊는 거다. 우리나라는 실질적 사형 폐지국임에도 이들의 압박감은 일반인들의 상상을 초월하는 모양이다.

또한 사형수들은 언제든 사형이 집행될 수 있다는 두려움 때문에 여론의 움직임에 아주 민감하다고 한다. 특히 아동 혹은 여성에 대한 성폭행 살인과 같은 반인륜 흉악 범죄가 터지면 사형 집행 여론이 들끓는다. 그러면 사형수들은 여느 때보다 동요하며 두려움과 초조감으로 하루하루를 보낸다. 그래서 죄를 짓고는 하루도 마음 편히 지내지 못하는 모양이다.

그런 사형수가 오늘 가장 원하는 것은 다름 아닌 '내일'이다. 적어도 오늘은 사형 집행이 이루어지지 않는다는 확신을 가지고 싶은 거다.

사형수도 내일이 자신에게 존재한다는 것을 아는 날이 있긴 하다. 바로 다음 날이 주말이거나 공휴일인 경우다. 관련 공무원들도 휴일에는 쉬어야 하니까.

Tomorrow
당신에게도 내일이 있을까?

●그런데 내일의 유무(有無) 문제가 비단 사형수에게만 한정된 얘기일까?

누군가 당신에게 "내일이 100% 존재한다고 확신할 수 있는가?"라고 묻는다면, 당신은 심정적으로야 응당 "그렇다"고 대답할 거다. 조금의 의심도 없이 말이다. 사형수는 죽을 것을 알면서 하루하루를 살고, 당신은 죽지 않을 것처럼 살기 때문이다.

하지만 당신에게 내일이 100% 있다고 어찌 장담하는가! 내일이 반드시 존재한다고 우긴다면, 당신은 신(神)이거나 희대의 거짓말쟁이 둘 중 하나다.

누군가 필자에게 앞의 질문을 한다면 필자는 제임스 그린의 말로 대신 답변을 할 참이다.

"내 평생 배운 것이 하나 있다면, 그것은 바로 세상 누구도 내일을 기약하지 못한다는 것이다."

〈잠언〉 27장 1절을 보면 이와 유사한 내용이 나온다.

"너는 내일 일을 자랑하지 마라. 하루 동안에 무슨 일이 일어날는지 네가 알 수 없음이니라."

그렇다면 지금 이 순간은 당신에게도, 필자에게도 매우 소중한 시간이다. 그 누구의 도움으로도 결코 되돌릴 수 없기 때문이다. 가령 정확

히 일 년 뒤 동일한 시간에, 동일한 복장을 하고서, 동일한 책상 앞에 앉아, 동일한 책의, 동일한 페이지를 읽고 있다고 하더라도 당신은 더 이상 일 년 전의 당신이 아니다. 당신의 몸도, 생각도, 주위 환경도 모두 바뀌어 있기 때문이다. 이처럼 세상의 그 어느 누구도 동일한 강물을 두 번 건널 수는 없다.

흔히 우리는 인생을 연극에 비유하곤 한다. 인생은 무대고, 인간은 모두 그 무대 위에 오른 배우다. 이처럼 인생과 연극은 닮은 것이 많을지는 모르지만 결정적으로 다른 것이 하나 있다. 연극엔 리허설도 있고 재공연도 가능하지만, 인생엔 리허설이 없고 단 한 번의 공연으로 모든 막이 내려간다. 그래서 우리 삶은 순간순간이 결승전이고 그 한 번으로 모든 것이 끝나버린다. 삶에 내일이란 결코 오지 않는다.

기원전 1세기의 로마 시인 호라티우스(Horatius)는 이렇게 외쳤다.

"Carpe diem."

이는 삶의 순간순간에 충실하라는 의미다. 아는가? 세상은 언제나 오늘을 축(軸)으로 돌아간다. 그래서 어제는 히스토리요, 내일은 미스터리다. 삶의 시한성(時限性) 때문에 내일을 살기란 너무 늦다.

가슴 두근거림으로 벅찬 오늘을 살아야 한다. 그런 오늘이 창의력이라는 폭약에 불을 댕기는 엄청난 삶이면 더욱 좋겠다.

Think Critically

1

세상의 그 어느 누구도
동일한 강물을 두 번 건널 순 없다.

2

연극엔 리허설도 있고 재공연도 가능하나
인생엔 단 한 번의 공연으로 모든 막이 내려간다.

3

Carpe diem!
삶의 순간순간에 최대한 충실하라.

Coffee Break

창의력은 ○○○와 같다

창의력이란? 늘 해오던 방식을 고수할 필요가 전혀 없다는 깨달음, 그것이 바로 창의력이다.
미국 작가 루돌프 플래시(Rudolf Flesch)

이제 마지막 'Coffee Break'다.

앞서 고정관념을 버린 발상 전환의 필요성과 중요성을 무수히 주문해왔다. 다음 우화를 통해 발상 전환이 가져온 기적을 음미해보자.

절의 주지는 깊은 고민에 빠졌다. 과거에는 꽤 잘나가는 절이었는데 언젠가부터 쇠락으로 접어들었다. 점차 승려들의 수행도 엉망이 되더니 급기야 신도들마저 하나둘 다른 절로 떠나버렸다. 이를 보다 못한 주지는 도력(道力)이 경지에 이른 한 고승(高僧)을 찾아 도움을 청하기로 했다. 간신히 고승을 만난 주지는 절의 현실을 낱낱이 고백하며 과거의 영광을 되찾고 싶다고 했다. 그러자 고승은 주지에게 이런 말을 던졌다.

"절이 쇠락하고 있는 것은 부처가 모습을 바꾸어 당신들 곁에 살고 있음에도 어느 누구도 그 부처를 숭배하고 있지 않기 때문이요."

그 말에 화들짝 놀란 주지는 급히 절로 돌아왔다.

'부처가 우리 절에 있다니! 대체 누구 모습을 빌리고 있단 말인가. 만당인가? 아닐 거야. 그는 너무 게으르지 않은가! 그럼 신광인가? 설마, 그는 머리가 너무 아둔해! 아니지. 어쩌면 일부러 게으르거나 아둔한 척을 하고 있을지도 모르지!'

주지는 그런 상념에 몇 날 며칠을 빠져들었다. 결국 해답을 찾지 못한 주지는 절의 승려들을 한데 모아놓고 고승의 말을 그대로 전했다. 이에 승려들도 모두 놀라 의심과 경외의 눈으로 서로를 바라보기 시작했다. 이 가운데 누가 부처일까? 하지만 어느 누구도 부처를 찾아낼 수 없었다.
누가 부처인지를 알 수 없었기에 주지와 승려들은 서로에게 배려와 존경하는 마음을 가지기 시작했다. 또한 승려들의 수행 모습도 점차 초심으로 돌아갔다. 그런 소문이 저 멀리 마을에까지 알려지면서 절을 떠났던 신자들이 모두 돌아오고 새로운 신자들도 점점 늘어났다. 이윽고 절은 과거의 영광을 훨씬 앞지를 정도로 번창하게 되었다.

이 우화는 스리쿠마 라오(Srikumar S. Rao)의 저서《행복한 출근(Happiness at Work)》에 등장하는 한 대목을 필자가 조금 각색한 것이다. 우화의 핵심은 우리 주변에서 벌어지는 수많은 일을 바라볼 때 그것을 어떤 눈으로 바라보고 판단하느냐에 따라 얼마든 일의 본질과 결과가 달라질 수 있다는 것이다.

마지막으로 한껏 두뇌를 움직여보고 대단원의 막을 내릴까 한다. '창의력'을 주제로 기발한 문장을 한 번 만들어보는 것이다. 문장 형식은 다음 틀에 맞춰보자.

"창의력은 ○○○와 같다. ○○○이기(하기) 때문이다. 고로 ○○○한다(이다)."

이런 형식은 창의력의 의미를 되새기는 동시에 우뇌 단련에도 많은 도움을 줄 것이다. 몇 가지 예시다.

Coffee Break

- "창의력은 알파요 오메가다. 창의력은 바로 우리 삶이기 때문이다. 고로 생의 마지막까지 창의력 계발을 게을리해선 안 된다."
- "창의력은 No와 같다. 모두가 Yes라고 할 때 No라고 하기 때문이다. 고로 창의력은 늘 다수와 다른 방향을 지향할 때 비로소 본연의 가치가 빛을 발한다."
- "창의력은 유치원생과 같다. 성인이 되기까지 많은 수고가 따르지만 크고 나면 엄청난 잠재력의 소유자로 성장하기 때문이다. 고로 창의력을 기르기는 힘들지만 그 결실은 실로 장대하다는 사실을 명심하라."
- "창의력은 공기와 같다. 눈에 보이지 않지만 늘 곁에 있어야 하는 생존의 필요조건이기 때문이다. 고로 가시적 성과가 없다고 창의력 계발을 소홀히 하거나 포기해서는 안 된다."
- "창의력은 빙산의 일각이다. 보이는 것이 전부가 아니기 때문이다. 고로 잠재된 창의력을 수면 위로 끌어올리기 위해서는 지속적인 노력과 실천이 수반되어야 한다."
- "창의력은 보석의 원석과 같다. 그냥 두면 가치를 인정받지 못하지만 찾아내 다듬으면 엄청난 부가가치를 창출하기 때문이다. 고로 창의력은 평소 갈고 다듬어가야 하는 일상이다."
- "창의력은 건전지와 같다. 사용하지 않는 건전지는 저절로 방전되기 때문이다. 고로 끊임없이 생각하고 또 생각해야 한다."
- "창의력은 탄산음료와 같다. 탄산음료는 늘 톡톡 쏘기 때문이다. 고로 진정 창의력 계발을 원한다면 톡톡 튀는 독특한 사람들과 잘 어울려야 한다."

- “창의력은 용기다. 남들이 모두 이쪽으로 향할 때 자신은 저쪽으로 향하기 때문이다. 고로 그런 용기 덕분에 늘 남과 다른 독창적 사고를 보여줄 수 있다.”
- “창의력은 ‘New Thinking, New Possibilities’이다. 새로운 사고만이 새로운 가능성을 열 수 있기 때문이다. 고로 뇌가 다소 불편해할지라도 항시 새로운 사고와 발상에 대한 열정의 문을 열어두어야 한다.”
- “창의력은 팝콘과 같다. 언제 어떻게 부풀어오를지 모르기 때문이다. 고로 창의력이 정점에 이를 때까지는 끊임없이 ‘지식’이란 열을 가해주어야 한다.”
- “창의력은 빛과 소금이다. 우리가 생존하는 데 필수적인 요소이기 때문이다. 고로 창의력 계발을 멈추는 순간이 바로 삶의 마지막 순간이 될 것이다.”
- “창의력은 고흐의 그림과 같다. 그 시대에는 인정을 받지 못했지만 시간이 흐른 뒤에 인정을 받았기 때문이다. 고로 당신의 생각이 주변 사람들로부터 비판을 받았다 하더라도 실망하지 말고 계속해 당신만의 생각을 주장해야 한다.”

자, 공을 이제 당신에게 넘긴다.

주변의 모든 사람이 뒤로 까무러칠 만한 창의적인 문장을 만들 걸로 확신한다.

에필로그

파괴를 두려워 마라!

책을 덮을 시간이다.

"모든 창조 활동은 먼저 파괴 활동에서 비롯한다."
"창조적 파괴가 경제 발전의 원동력이다."

전자(前者)는 20세기 최고의 예술가 파블로 피카소(Pablo Ruiz Picasso)가, 후자는 20세기 자본주의 경제학을 대표하는 조지프 슘페터(Joseph Alois Schumpeter)가 한 말이다.

피카소(1881년생)와 슘페터(1883년생)는 인생을 연기한 무대는 서로 달랐지만 동시대를 살며 창조와 이를 위한 파괴의 중요성을 설파한 거장들이다. 박영태의 《창의성의 별》에 이런 말이 나온다.

"창(創)의 의미는 비로소 창, 아픈 창이다. 창을 다시 나누어보면 곳간 창(倉)과 도(刀)의 결합이다. 여기서 창(創)은 곳간을 파괴한다는 의미가 내포되어 있으며 이는 기존의 생각을 파괴한다는 것으로 유추해볼 수 있다."

오래전부터 당신의 두뇌에 막연히 쌓여 있는 고정

관념부터 과감히 파괴하라. 파괴하지 않고서는 그 어떤 창의적 활동도 불가능하다.

새는 알 속에서 빠져나오려 몸부림을 친다. 그 알은 세상이다. 태어나길 원하는 사람은 하나의 세상을 반드시 파괴해야 한다.

최고의 행복은 앞으로 다가올 행복, 최고의 건강은 앞으로 가지게 될 건강, 최고의 책은 앞으로 쓰여질 책….

어느 길이 창의력으로 가는 길인지 더 이상 알 수 없을 때, 그때가 비로소 창의력으로 가는 참 여행의 시작이다.

창의적 삶을 위한 30가지 방법

1. 창의력 리스트를 만들어라.
2. 언제, 어디를 가든지 노트를 가지고 다녀라.
3. 생각나는 대로 적어라.
4. 컴퓨터를 멀리하라.
5. 자괴지심에 빠지지 마라.
6. 조금씩 쉬어라.
7. 샤워하면서 콧노래를 불러라.
8. 커피로 두뇌를 깨워라.
9. 새로운 음악에 귀 기울여라.
10. 마음을 열어라.
11. 창의력을 가진 사람들과 어울려라.
12. 피드백을 받아라.
13. 누군가와 함께 무언가를 만들어보라.
14. 절대 포기하지 마라.
15. 연습, 연습, 또 연습하라.

16. 자신의 실수를 용서하라.

17. 가보지 못한 새로운 곳에 가보라.

18. 자신이 누리는 축복에 감사하라.

19. 마음껏 휴식을 즐겨라.

20. 위험과 맞서라.

21. 잘난 사람들이 만든 원칙을 깨라.

22. 무리하게 밀어붙이지 마라.

23. 사전의 한 페이지를 전부 읽어보라.

24. 자신만의 생각의 틀을 창조하라.

25. 완벽만을 추구하지 마라.

26. 아이디어가 떠올랐다면 곧장 기록하라.

27. 작업 공간을 깔끔하게 정리하라.

28. 늘 긍정적이고 즐겁게 하라.

29. 무언가를 끝까지 완성하라.

30. 남을 따라 하지 마라.

※ 앞의 내용은 원래 '29 Ways to Stay Creative(창의적 삶을 위한 29가지 방법)'이라는 제목으로 해외에서 소개된 것이다. 29가지라… 무언가 하나가 모자란 느낌이다. 그래서 필자가 한 가지를 추가하여 완성했다.

참고 문헌

· 김광희(2018), 《창의력에 미쳐라》, 넥서스BIZ.
· 김광희(2018), 《누워서 읽는 경영학 원론》(전면 개정2판), 내하출판사.
· 김광희(2016), 《생각 밖으로 나가라》, 넥서스BIZ.
· 김광희(2015), 《일본의 창의력만 훔쳐라》, 넥서스BIZ.
· 김광희(2013), 《미친 발상법》, 넥서스BIZ.
· 김광희(2013), 《누워서 읽는 경영학 원론》(전면 개정판), 내하출판사.
· 김광희(2012), 《당신은 경쟁을 아는가》, 넥서스BIZ.
· 김광희(2011), 《창의력은 밥이다》, 넥서스BIZ.
· 김광희(2011), 《누워서 읽는 마케팅 원론》, 내하출판사.
· 김광희(2010), 《창의력에 미쳐라》, 넥서스BIZ.
· 김광희(2009), 《미니멈의 법칙》, 토네이도.
· 김광희(2008), 《유쾌한 이야기 경영학》, 내하출판사.
· 김광희(2007), 《부자들의 경영학 카페》, 국일증권경제연구소.
· 김광희(2006), 《유쾌한 팝콘 경쟁학》, 국일증권경제연구소.
· 김광희(2005), 《누워서 읽는 경영학 원론》, 내하출판사.
· 김광희(2004), 《상식이란 말에 침을 뱉어라(마케팅 입문서)》, 넥서스BIZ.
· 김광희(2004), 《이수일은 심순애를 어떻게 꼬셨나!(경영학 입문서)》, 넥서스BOOKS.
· 김광희(2003), 《네 안에 있는 파랑새를 키워라!》, 미래와경영.
· 김광희(2003), 《경영학을 씹어야 인생이 달콤하다》, 미래와경영.
· 짐 랜덜/김광희·김대한 역(2013), "창의력, 쉽다", 상상채널.
· 엔도 이사오/손애심·김광희(2008), 《끈질긴 경영》, 국일증권경제연구소
· 김상운(2011), 《왓칭》, 정신세계사
· 김주환(2011), 《회복탄력성》, 위즈덤하우스
· 마크 폭스/포앰아이컨설팅(2011), 《창조경영 트리즈》, GASAN BOOKS
· 에두아르도 포터/손민중·김홍래(2011), 《모든 것의 가격》, 김영사

·엘렌 랭어/변용란(2011), 《마음의 시계》, 사이언스북스

·이상희/문정화(2011), 《내 아이를 위한 창의성》, 아이비하우스

·진 랜드럼/김미형(2011), 《열정 능력자》, 들녘

·톰 라비/김영선(2011), 《어느 책 중독자의 고백》, 돌베개

·톰 래스·짐 하터/성기홍(2011), 《웰빙 파인더》, WINNER'S BOOK

·크리스토퍼 차브리스·대니얼 사이먼스/김명철(2011), 《보이지 않는 고릴라》, 김영사

·히라오 카즈히로/이상호·최희원(2011), 《건축 디자인 발상법》, 기문당

·김남수 외 4인(2010), 《100년 전의 한국사》, 휴머니스트

·매트 리들리/조현욱(2010), 《이성적 낙관주의자》, 김영사

·신건권(2010), 《창의성경영》, 도서출판 청람

·알 리스·로라 리스/최기철·이장우(2010), 《경영자 vs. 마케터》, 흐름출판

·제이콥 부라크/윤미나(2010), 《침팬지도 벤츠를 꿈꾸는가》, 위즈덤하우스

·정병태(2010), 《감사의 말 한마디》, 넥스원

·지에다오/남혜선(2010), 《유태인의 상술》, 간디서원

·김효준(2009), 《창의성의 또다른 이름 트리즈》, 인피니티북스

·나폴레온 힐/안종희(2009), 《나폴레온 힐 부의 비밀》, 비즈니스맵

·로버트 W. 와인버그/김미선(2009), 《Creativity(창의성)》, 시그마프레스

·로완 깁슨·피터 스카진스키/김태훈(2009), 《핵심에 이르는 혁신》, 비즈니스맵

·알피 콘/이영노(2009), 《경쟁에 반대한다》, 산눈

·앤드류 서터/남상진(2008), 《더 룰(the rule)》, 북스넛

·프리더 라욱스만(2008), 《세상을 바꾼 어리석은 생각들》, 말글빛냄

·토니 부잔/부잔코리아(2008), 《생각의 지도 위에서 길을 찾다》, 부잔코리아(주)

·히스이 고타로/서인행(2006), 《3초 만에 행복해지는 명언 테라피》, 나무한그루

·박영태(2002), 《창의성의 별》, 학지사

·이희영(2002), 《탈무드 황금률 방법》, 동서문화사

·래리 다운즈/이기문(1999), 《킬러 애플리케이션》, 국일증권경제연구소

·문정화·하종덕(1999), 《또 하나의 교육 창의성》, 학지사

·Jill Zarin, Lisa Wexler, Gloria Kamen(2010), "Secrets of a Jewish Mother: Real Advice, Real Stories, Real Love", SJM Book.

·Jim Randel(2010), "The Skinny on Creativity: Thinking Outside the Box", Rand Media Co.

·Paul Sloane(2010), "How to be a Brilliant Thinker: Exercise Your Mind and Find Creative Solutions.", Kogan Page.

·Srikumar S. Rao(2010), "Happiness at Work: Be Resilient, Motivated, and Successful- No Matter What.",

McGraw-Hill.

· Javy W. Galindo(2009), "The Power of Thinking Differently: An imaginative guide to creativity, change, and the discovery of new ideas.", Hyena Press.

· Paul Sloane(2003), "The Leader's Guide to Lateral Thinking Skills: Unlocking the Creativity and Innovation in You and Your Team!", Kogan Page.

· Roger Von Oech(2002), "Expect the Unexpected : A Creativity Tool Based on the Ancient Wisdom of Heraclitus.", Berrett-Koehler Publishers.

· Phillip C. McGraw(2000) "Life Strategies: Doing What Works, Doing What Matters" Hyperion.

· Jordan E. Ayan(1997) "Aha! 10 Ways to Free Your Creative Spirit and Find Your Great Ideas.", Three Rivers Press.

· Edward De Bono(1985), "New Think", Avon Books.

· 前田信弘(2011), "知識ゼロからのビジネス論語", 幻冬社.